***ACCESO GRATIS** a la Lectura en la Nube*

Para visualizar el libro electrónico en la nube de lectura envíe junto a su nombre y apellidos una fotografía del código de barras situado en la contraportada del libro y otra del ticket de compra a la dirección:

ebooktirant@tirant.com

En un máximo de 72 horas laborales le enviaremos el código de acceso con sus instrucciones.

LA ACTIVIDAD ADMINISTRATIVA CONSENSUADA: TRANSFORMACIÓN DEL MODELO DE ACTUACIÓN DE LA ADMINISTRACIÓN PÚBLICA EN COLOMBIA

LA ACTIVIDAD ADMINISTRATIVA CONSENSUADA: TRANSFORMACIÓN DEL MODELO DE ACTUACIÓN DE LA ADMINISTRACIÓN PÚBLICA EN COLOMBIA

MARÍA JOSÉ AGUILAR ARIZA

tirant lo blanch
Bogotá, 2025

Aguilar Ariza, María José, autor.
La actividad administrativa consensuada: transformación del modelo de actuación de la administración pública en Colombia / María José Aguilar Ariza. – Primera edición. – Bogotá: Tirant lo Blanch, 2025.

124 páginas.
Incluye bibliografía: páginas 117-123.
ISBN: 978-84-1095-032-0

1. Administración pública – Colombia. 2. Derecho administrativo – Colombia. 3. Participación ciudadana. I. Título.
LC: KHH3230 CDD: 342.861 ed. 23

Catalogación en publicación de la Biblioteca Carlos Gaviria Díaz

EDITA: TIRANT LO BLANCH
Calle 11 # 2-16 (Bogotá D.C.)
Teléf.: 4660171
Email: tlb@tirant.com
Librería virtual: www.tirant.com/co/
ISBN: 978-84-1095-032-0

MARÍA JOSÉ AGUILAR ARIZA

LA ACTIVIDAD ADMINISTRATIVA CONSENSUADA: TRANSFORMACIÓN DEL MODELO DE ACTUACIÓN DE LA ADMINISTRACIÓN PÚBLICA EN COLOMBIA

Índice

A mis padres, Iván y María Bernarda, pilares fundamentales en mi vida, por respaldarme incondicionalmente en la consecución de mis sueños.

A mi hermana Paula, por quien anhelo ser un ejemplo de disciplina y perseverancia.

A mis abuelas, Fanny Isabel y Berenice, por su tierno amor que siempre me acompaña.

Introducción

En la contemporaneidad, la realidad social a la que se enfrenta la Administración Pública y el derecho administrativo es sumamente compleja, dinámica, volátil, imprevisible e inestable. Indudablemente, el conjunto de intereses generales a salvaguardar y necesidades colectivas a satisfacer imponen mayores retos en su tratamiento y resolución, puesto que la sociedad está en constantes, graduales y progresivos cambios o transformaciones. Sin temor a equivocarse, pareciera que la única peculiaridad estable, fija y segura es, precisamente, su perenne vocación a la novedad, mutabilidad o metamorfosis.

Que la realidad social sea así, implica que, en la mayoría de las veces, resulte difícil, y en ocasiones imposible, encuadrarla idealmente en esquemas simplificados, reduccionistas o sistemáticos tradicionales que intenten explicar su operatividad. En primera medida, debido a que los intereses generales a salvaguardar y las necesidades colectivas a satisfacer, por parte de la Administración Pública y del derecho administrativo en una comunidad política, al igual que la manera cómo salvaguardarlos y satisfacerlos, son variables y, por tanto, diferentes de acuerdo a cada época en la evolución de la sociedad. En segunda medida, porque si los ideales esquemas simplificados, reduccionistas o sistemáticos tradicionales no responden adecuadamente a la realidad social, entonces pueden entrar en crisis y, en el peor de los casos, quedar obsoletos por anacronismo.

A pesar de la complejidad, dinamismo, volatilidad, imprevisibilidad e inestabilidad de la realidad social, la Administración Pública y el derecho administrativo no sucumben, ni mucho menos se *impermeabilizan* o *inmunizan* contra esta tendencia; por el contrario, la perciben y pretenden adaptarse, adecuarse y evolucionar junto a ella, darle un mejor cauce y recepción, atendiendo y racionalizando cada una de sus peculiaridades, con miras a establecer un puerto medianamente seguro, previsible, coherente y estable. Al fin y al cabo, la Administración

Pública y el derecho administrativo no deben ser más que el fiel reflejo y presentación de la realidad social. Solo de esta manera podrán, en parte, los esquemas simplificados, reduccionistas o sistemáticos tradicionales del derecho administrativo, superar la dificultad (o imposibilidad) que supone encuadrarla idealmente y responder a los retos impuestos por la sociedad contemporánea.

La adaptación, adecuación y evolución de la Administración Pública y del derecho administrativo ha hecho patente la identificación de múltiples fenómenos que habían permanecido inéditos u ocultos; más aún, ha permitido la intervención ciudadana en esos fenómenos que, de alguna manera, habían sido reservados no solo a otros actores, sino mantenidos en escenarios completamente distintos de la gestión administrativa. Si bien son múltiples los supuestos que pueden tener cabida, en el presente trabajo de investigación se ha optado por enfatizar y desarrollar uno en particular: *la actividad administrativa consensuada como una forma de expresión de la ampliación de la participación* ciudadana en la actuación *administrativa; haciendo especial hincapié en la República de Colombia.*

Esta propuesta investigativa considera que, frente a la compleja, dinámica, volátil, imprevisible e inestable realidad social contemporánea, la Administración Pública y el derecho administrativo se ven en la necesidad de incluir iniciativas ciudadanas en las decisiones administrativas, en razón de brindar una mejor y eficaz salvaguarda a los intereses generales y satisfacción a las necesidades colectivas. Además, es innegable que los constantes, graduales y progresivos cambios o transformaciones de la sociedad han puesto la atención en la manera cómo deben ser mejor y eficientemente garantizados tales intereses y necesidades, debido a que las instituciones propias del derecho administrativo clásico no son autosuficientes, autárquicas, ni mucho menos, inmutables. A raíz de tales fisuras, la apelación a la cooperación no solo interadministrativa, sino también público-privada en la gestión administrativa, se presenta como una adecuada respuesta de solución.

Para detallar a fondo esta cuestión innovadora, que implica la aceptación de la Administración Pública y el derecho administrativo como productos de una realidad social cambiante, por lo que no son definitivos ni están absolutamente consolidados, se estructuraron tres capítulos: *1. La participación del administrado en las decisiones admi-*

nistrativas: reflejo de la evolución del derecho administrativo contemporáneo; *2. El alcance de la participación ciudadana en el ejercicio de la actividad administrativa en Colombia a partir de la identificación de dos sectores de referencia; 3. Transformación del modelo de actuación de la Administración Pública en Colombia como consecuencia de la creciente participación ciudadana en asuntos públicos.*

En el primer capítulo, la discusión estará enfocada en dilucidar cómo ha sido la adaptación, adecuación y evolución de la Administración Pública y el derecho administrativo a esa compleja, dinámica, volátil, imprevisible e inestable realidad social contemporánea, que exige la inclusión de iniciativas ciudadanas en las decisiones administrativas. Para tal efecto, se examinarán los siguientes presupuestos: *a) el fenómeno de la constitucionalización del derecho administrativo*; *b) la entrada en vigencia de la democracia participativa*; y *c) el creciente protagonismo de la participación ciudadana en los asuntos administrativos.*

En el primer presupuesto, se realizará una reflexión general sobre la transformación del derecho administrativo a partir de su constitucionalización; un asunto que en Colombia ha estado mediado por la entrada en vigencia de la Constitución Política de 1991 y la instauración del Estado social y democrático de derecho. De igual manera, se razonará sobre la necesidad de reajuste y actualización de esta disciplina jurídica, como consecuencia de la constitucionalización del derecho administrativo, concretada, entre otros aspectos, en un mayor acercamiento, apertura y flexibilidad del ciudadano en las actuaciones administrativas.

En el segundo presupuesto, se describirá el tránsito que Colombia, a raíz del fenómeno de la constitucionalización y la recepción del Estado social y democrático de derecho, ha realizado del modelo de democracia representativa hacia uno de democracia participativa; lo que, sin lugar a dudas, ha configurado una posición más activa y elevada de la ciudadanía en el tratamiento de los asuntos públicos, y de interacción en las actuaciones que les afectan. En ese sentido, el análisis consistirá en la identificación de las peculiaridades de la democracia participativa, sus diferencias con la democracia representativa, la conceptualización de la participación como complemento de la representación y su influencia en la ampliación del rol ciudadano en la gestión pública.

En el tercer presupuesto, se presentará una meditación sobre el nuevo vínculo entre la Administración Pública y la ciudadanía a la luz del creciente protagonismo de la segunda en la gestión de los asuntos públicos; en el cual ha influido notoriamente la constitucionalización del derecho administrativo, el Estado social y democrático de derecho y la democracia participativa. Así, se indicará cuál es el tipo de participación ciudadana que interesa a la Administración Pública y el derecho administrativo para la salvaguarda de los intereses generales y la satisfacción de las necesidades colectivas; qué beneficios conlleva tal tipo de participación en la relación Administración Pública-ciudadanía; qué reajustes sustanciales ha impuesto su inclusión frente al clásico modelo burocrático, jerarquizado y tradicional de actuaciones administrativos, basado en las relaciones de mando y obediencia; y finalmente, cómo el fenómeno de la participación se ha expandido más allá del campo de la representación político-electoral, inclusive, de la mera salvaguarda administrativa de los intereses privados.

En síntesis, la finalidad de estos tres presupuestos, que corresponden a los tres subcapítulos que conforman el primer capítulo de esta investigación, no es otra que establecer una explicación razonable sobre cómo éstos han constituido las bases iniciales para la evolución o progreso de las decisiones administrativas en el contexto del derecho administrativo contemporáneo; haciendo hincapié, por un lado, en la urgencia de que la Administración Pública y el derecho administrativo no sigan manteniéndose sujetos a modelos que pertenecen a realidades sociales pasadas; y por otro, en la necesidad de intervención, colaboración o cooperación ciudadanas en el ejercicio de las tareas administrativas.

En el segundo capítulo, el vínculo entre realidad social, por un lado, y Administración Pública y derecho administrativo, por el otro, se concretizará (o ejemplificará) en dos sectores de referencia –dentro de los cuales se examinarán cuatro escenarios en total– que intentarán visibilizar cómo desde el ámbito normativo ha sido patente el alcance o amplitud del principio constitucional de participación ciudadana en tales actuaciones y procedimientos administrativos del ordenamiento jurídico de la República de Colombia. *La protección del medio ambiente y el desarrollo sostenible*, así *como la vivienda y el desarrollo territorial*, son los dos sectores de referencia de especial consideración en este trabajo de investigación, en los cuáles *el otorgamiento de licencias ambientales* y *la celebración de consultas previas a las comunidades étnicas* componen los dos escenarios del primero, mientras que *la adopción del plan de ordenamiento territorial* y *la expedición de licencias urbanísticas* son los que pertenecen al segundo.

En el primer sector de referencia, se ilustrarán los siguientes escenarios: *a) otorgamiento de licencias ambientales* y *b) celebración de consultas previas a las comunidades étnicas.* En el primero, se detallarán las instancias participativas al interior del procedimiento administrativo por el cual se expide, modifica o cancela la respectiva licencia ambiental, con especial referencia a *la celebración previa de una audiencia pública ambiental.* En el segundo, se precisará cómo el derecho fundamental y colectivo de la participación de las comunidades étnicas incide en el desarrollo de proyectos, obras o actividades que pretenden afectar sus territorios o la existencia de su integridad cultural, social y económica, como bien podría ser el caso de la exploración y/o explotación de recursos naturales. De igual manera, si bien se explicitarán las etapas del procedimiento administrativo de consulta previa, no es menos cierto que se enfatizará en las de *preconsulta* y *consulta.* Ello en razón de la fuerte influencia de la participación de las comunidades étnicas en tales etapas, así como en el valor o la naturaleza vinculante que adquieren las *actas de protocolización de acuerdos* alcanzados por las partes involucradas (comunidades étnicas, ejecutor del proyecto, obra o actividad y Estado) en la consulta previa.

En el segundo sector de referencia, se ilustrarán los siguientes escenarios: *a) adopción del plan de ordenamiento territorial* y *b) expedición de licencias urbanísticas.* En el primero, se precisará la relevancia del principio de participación, como una forma de colaboración o cooperación, en las etapas administrativas de formulación, discusión, ejecución y seguimiento del proyecto del plan de ordenamiento territorial, señalando que su repercusión más importante no se limita al momento previo a la presentación del proyecto ante la respectiva corporación pública, donde ineludiblemente la autoridad debe cumplir con las denominadas instancias de *concertación interadministrativas y consulta al sector privado.* Así mismo, se examinará la idéntica suerte que corre la participación democrática en la formulación y proposición de planes parciales. En el segundo escenario, se especificarán las etapas que conforman el procedimiento administrativo para la expedición o trámite de licencias urbanísticas. Para tal efecto, se observarán las principales peculiaridades que ofrece la inclusión de iniciativas participativas ciudadanas, sobre todo en lo relacionado con la función pública de los *curadores urbanos* y la etapa de *citación de vecinos.*

En suma, la finalidad de los dos sectores de referencia y sus respectivos escenarios, que corresponden con los subcapítulos del capítulo segundo de esta investigación, consiste en presentar, aunque de manera reduccionista, la importancia y viabilidad de la participación ciudadana, en distintos grados y matices, al interior de tales procedimientos administrativos especiales contemplados en el ordenamiento jurídico colombiano. Ello en virtud de lo dispuesto por el numeral 6° del artículo 3° de la Ley 1437 de 2011, por la cual se expidió el Código de Procedimiento Administrativo y de lo Contencioso Administrativo, según el cual: "[...] las autoridades promoverán y atenderán las iniciativas de los ciudadanos, organizaciones y comunidades encaminadas a intervenir en los procesos de deliberación, formulación, ejecución, control y evaluación de la gestión pública"[1]. Así las cosas, el reconocimiento de tales escenarios del derecho administrativo contemporáneo, en los que se garantiza la intervención ciudadana o de los interesados en la decisión administrativa, resulta imprescindible para justificar la atenuación y flexibilización que ha sufrido el carácter tradicional de unilateralidad de algunas actuaciones administrativas, toda vez que, de no agotarse la debida concertación, consulta o instancia participativa, las decisiones administrativas podrían ser objeto de nulidad ante la Jurisdicción de lo Contencioso Administrativo.

Finalmente, y como consecuencia de lo planteado en los capítulos precedentes, en el tercer capítulo la deliberación estará delimitada, por un lado, en la identificación y explicación de tres rasgos comunes participativos en los procedimientos administrativos especiales examinados en el capítulo segundo; y por otro, en la conceptualización de lo que, en la presente investigación, se ha denominado *actividad administrativa consensuada.*

---

1 COLOMBIA. CONGRESO DE LA REPÚBLICA. Ley 1437. (18 de enero de 2011). Por la cual se expide el Código de Procedimiento Administrativo y de lo Contencioso Administrativo. [Consultado el 12 de julio de 2022]. Disponible en: https://www.funcionpublica.gov.co/eva/gestornormativo/norma.php?i=41249

Frente a lo primero, se describirán los siguientes elementos participativos: *a) la garantía de publicidad; b) la búsqueda de protección de derechos colectivos e intereses generales; c) la flexibilización del férreo carácter unilateral en las decisiones administrativas.*

En la primera característica se resaltará cómo debe ser entendido, en tales procedimientos especiales, el acceso a la información y a la documentación pública; de igual manera, la importancia que cumple la publicidad como herramienta para la configuración del contenido de la respectiva decisión administrativa y su diferencia en el procedimiento administrativo general establecido por el Código de Procedimiento Administrativo y de lo Contencioso Administrativo. En la segunda, se destacará la relevancia que adquieren los derechos colectivos e intereses generales en los procedimientos administrativos especiales examinados, precisándose cómo la ciudadanía coopera o colabora con la autoridad administrativa en la definición de tales bienes jurídicos. En la tercera se expresará el desvanecimiento parcial de la unilateralidad de la Administración Pública y la posibilidad de la ciudadanía de cuestionar la validez, en clave participativa, de la decisión administrativa emitida. A partir de tales características o rasgos comunes, se genera una consecuencia: la inadecuación e insuficiencia de las categorías jurídicas tradicionales de cara a la nueva realidad social; por tanto, se pretende mostrar la forma en que los actos administrativos clásicos y los contratos estatales, resultan inoportunos para explicar satisfactoriamente el crecimiento del fenómeno participativo al interior de los citados procedimientos administrativas especiales.

Frente a lo segundo, se presentarán importantes implicaciones y características sobre la *actividad administrativa consensuada*. Sin lugar a dudas, establecer en qué consiste la misma y por qué constituye una nueva alternativa que coexiste junto a la actividad administrativa unilateral, serán puntos ineludibles en este apartado. Lo anterior, reforzado en la idea según la cual tales transformaciones han sido propiciadas por el incremento de la participación de la ciudadanía en los asuntos públicos.

En síntesis, la finalidad tanto de los rasgos comunes participativos, como de la conceptualización de la *actividad administrativa consensuada*, que corresponden a los dos subcapítulos del capítulo tercero de esta investigación, es presentar ante la academia una verdadera y real transformación en el modelo de actuación de la Administración Pública, que, si bien no impacta en todos los procedimientos que conforman la actividad administrativa, pues algunos siguen el proceder tradicional-unilateral, sí alude a aquellos especiales y heterónomos como los detallados en el capítulo segundo, en los cuáles se hace patente que tal trasformación ha sido fomentada por el novedoso relacionamiento de la ciudadanía y la Administración Pública, que ha implicado la expansión de la intervención ciudadana *uti cives* (o *uti socius*) en los asuntos públicos.

1. La participación del administrado en las decisiones administrativas: reflejo de la evolución del derecho administrativo contemporáneo

El presente capítulo pretende explicar cómo el fenómeno de la *constitucionalización del derecho administrativo*, la entrada en vigencia de la *democracia participativa* y el creciente protagonismo de la *participación ciudadana* en los asuntos públicos, constituyen presupuestos para la transformación de la actividad de la Administración Pública en el contexto del derecho administrativo contemporáneo.

1.1. LA CONSTITUCIONALIZACIÓN DEL DERECHO ADMINISTRATIVO CONTEMPORÁNEO EN EL MARCO DEL ESTADO SOCIAL Y DEMOCRÁTICO DE DERECHO COLOMBIANO

La entrada en vigencia de la Constitución Política de 1991 significó la instauración de un Estado social y democrático de derecho en Colombia, que sumado a una realidad fáctica distinta, ha ido imponiendo la necesidad de actualización de las instituciones y procedimientos jurídicos, así como su adecuación e interpretación conforme al catálogo de principios, reglas y valores de rango supra legal, que se erigen como pilares de este nuevo modelo de estado constitucional, tales como la democracia, la participación ciudadana, la descentralización, el pluralismo, la prevalencia del interés general, entre otros.

Lo anterior se fundamenta en lo dispuesto por el artículo 4º constitucional, según el cual: "la Constitución es norma de normas"[1], ubicándola entonces en la cima del sistema de fuentes y consagrando que, en caso de incompatibilidad con otra norma jurídica del ordenamiento colombiano, su aplicación se efectuará de manera preferente.

La constitucionalización del derecho parte del reconocimiento de la constitución no sólo como un documento de valor político –que permite la creación y organización político-administrativa del Estado conforme un modelo determinado–; sino que, también, reconoce en ella una norma jurídica de aplicación directa e inmediata, sin necesidad de desarrollo legal, que prevalece sobre las demás fuentes del derecho[2].

Y es que el derecho constitucional, en su sentido estricto de *derecho de la constitución* como norma jurídica, goza de cierta superioridad respecto de otras ramas del derecho, no sólo considerando la jerarquía de la constitución dentro del sistema de fuentes, sino también por su contenido material, pues en ella se consignan los principios, reglas y valores básicos que irradian todo el ordenamiento jurídico[3].

El profesor Guastini[4] propuso entender el fenómeno de la *constitucionalización* como un proceso de transformación del ordenamiento jurídico, al término del cual, éste resulta totalmente impregnado por las disposiciones constitucionales. Además, él señaló que: "un

---

1 COLOMBIA. ASAMBLEA NACIONAL CONSTITUYENTE. Constitución Política. (20 de julio de 1991). [Consultado el 1 de marzo de 2022]. Disponible en: http://www.secretariasenado.gov.co/senado/basedoc/constitucion_politica_1991.html#1

2 RESTREPO MEDINA, Manuel. La respuesta del derecho administrativo a las transformaciones recientes del estado social de derecho. *Saberes. Revista de estudios jurídicos, económicos y sociales*. 2007, vol. 5, p. 4.

3 ROBLEDO SILVA, Paula. El papel de la democracia participativa en la creación de nuevos municipios en Colombia. En: MONTAÑA PLATA, Alberto y OSPINA GARZÓN, Andrés (ed.). *La constitucionalización del derecho administrativo. XV jornadas internacionales de derecho administrativo*. Bogotá: Universidad Externado de Colombia, 2014, p. 259.

4 GUASTINI, Riccardo. La constitucionalización del ordenamiento jurídico: el caso italiano. En: CARBONELL SÁNCHEZ, Miguel (ed.). *Neoconstitucionalismo(s)*. España: Trotta, 2003, p. 49.

ordenamiento jurídico constitucionalizado se caracteriza por una Constitución extremadamente invasora, entrometida (pervasiva, invadente), capaz de condicionar tanto la legislación como la jurisprudencia y el estilo doctrinal, la acción de los actores políticos, así como las relaciones sociales"[5].

De conformidad con lo anterior, el citado autor italiano diseñó un listado de *condiciones de constitucionalización*, a partir de las cuales resulta viable determinar en qué medida está constitucionalizado un ordenamiento jurídico, lo que dependerá de cuántas y cuáles de tales condiciones se encuentren satisfechas en el ordenamiento objeto de análisis.

Conviene advertir que, de las siete condiciones propuestas por el profesor Guastini, la primera y la segunda son necesarias para considerar que un ordenamiento jurídico está constitucionalizado. La primera de ellas, denominada *una constitución rígida*, se distingue por: i) ser una constitución escrita; ii) estar protegida contra la legislación ordinaria, es decir, que las normas constitucionales no puedan ser modificadas o derogadas, sino a través de un proceso especial de revisión constitucional, más robusto que el procedimiento de formación de las leyes[6]. La segunda condición es la *garantía jurisdiccional de la constitución*, referida al control, por parte de un órgano jurisdiccional o semi-jurisdiccional, de la conformidad de las leyes con la constitución[7].

Ya señaladas las dos condiciones indispensables de constitucionalización es posible afirmar que el ordenamiento jurídico colombiano sí está constitucionalizado, en la medida en que, por un lado, la Constitución Política de 1991 es rígida –atendiendo a que es escrita y está protegida contra la legislación ordinaria–, por otro lado, la Corte Constitucional ejerce control jurisdiccional de las leyes, evaluando su conformidad con la norma superior.

Ahora bien, de la satisfacción de las demás condiciones dependerá que un ordenamiento jurídico esté constitucionalizado en mayor o menor grado. Así las cosas, la tercera condición, conocida como

---

5 Ibíd., p. 49.

6 Ibíd., p. 50.

7 Ibíd., p. 51.

la fuerza vinculante de la constitución, indica que: "toda norma constitucional –independientemente de su estructura o de su contenido normativo– es una norma jurídica genuina, vinculante y susceptible de producir efectos jurídicos"[8]. Por su parte, la cuarta condición, estrechamente relacionada con la anterior, se denomina *la sobreinterpretación de la constitución*, entendiendo que ésta puede ser objeto de distintas interpretaciones por parte de los jueces, las instituciones estatales y los juristas, así como ser susceptible de ser interpretada de manera literal o extensiva. Al interpretarse de esta última forma, la norma superior puede ser sobreinterpretada, pues a partir de ella sería viable extraer innumerables normas implícitas sobre diversos asuntos de la vida social y política de una comunidad[9].

La quinta condición de constitucionalización del ordenamiento jurídico alude a *la aplicación directa de las normas constitucionales*, las cuales pueden moldear las relaciones sociales y generar efectos jurídicos directos al ser aplicadas por cualquier juez al resolver una controversia jurídica determinada. Seguidamente, la sexta condición, establecida como *la interpretación conforme de las leyes*, está relacionada con la armonía entre la constitución y la ley, lo que garantiza su validez dentro del ordenamiento jurídico. Por último, la séptima condición es *la influencia de la constitución sobre las relaciones políticas*, asunto que dependerá de distintos elementos, tales como el contenido de la constitución, la postura de los jueces, de los órganos constitucionales y de los actores políticos, teniendo así las disposiciones constitucionales la posibilidad de influir en la toma de decisiones políticas o en la solución de conflictos[10].

En definitiva, las condiciones de constitucionalización propuestas por el profesor Guastini, aunque algunas con mayor intensidad que otras, se cumplen en el ordenamiento jurídico colombiano, lo cual es verificable a partir de la importancia que ostentan las normas constitucionales en el sistema de fuentes y de la relevancia de los pronunciamientos de la Corte Constitucional para la resolución de diversos problemas jurídicos.

---

8 Ibíd., p. 53.

9 Ibíd., p. 54.

10 Ibíd., pp. 55 y ss.

Por su parte, en palabras del profesor Schmidt Assmann: "la Constitucionalización es una irradiación de la Constitución en el Derecho ordinario"[11]. A su vez, explica que se trata de una adaptación, orientación y reorganización del ordenamiento jurídico ordinario de conformidad con los parámetros de la constitución, asunto que no se agota en los estrictos y simples mandatos y prohibiciones[12]. Así pues, en el marco de un ordenamiento jurídico constitucionalizado, la normatividad vigente –bien sea de rango legal o reglamentario– deberá interpretarse y aplicarse de conformidad con los preceptos constitucionales; siendo esta característica una expresión o manifestación del fenómeno de la constitucionalización del derecho.

De acuerdo con el profesor Muñoz Machado[13], a partir del cambio de un *Estado legal de derecho* a uno *constitucional de derecho*, el derecho gira alrededor de un nuevo eje, siendo la constitución el principal referente normativo para la actuación legítima de la Administración Pública, pues deberá atender los valores, principios y derechos consagrados en el texto superior. El citado autor español denominó este fenómeno como *la constitucionalización de la legalidad*, señalando que:

> Todas las ramas del Derecho, y muy especialmente todas las que pertenecen al tronco común del Derecho Público, que, antes de que tan fundamental cambio se produjera, se explicaban a partir de los contenidos de las leyes principales de su ordenamiento particular, tienen ahora un referente común en la Constitución, donde están las reglas y principios a que todo el ordenamiento tiene que atenerse. Es verdad, en este sentido, que la constitucionalización del Derecho supone una fuerte unificación del mismo[14].

En efecto, el régimen jurídico aplicable a las actuaciones de la Administración Pública no ha sido ajeno a la constitucionalización. Esta tendencia, que es propia del derecho contemporáneo, hace parte del

---

11 SCHMIDT ASSMANN, Eberhard. El concepto de la constitucionalización del derecho administrativo. En: MONTAÑA PLATA, Alberto y OSPINA GARZÓN, Andrés (ed.). *La constitucionalización del derecho administrativo. XV jornadas internacionales de derecho administrativo.* Bogotá: Universidad Externado de Colombia, 2014, p. 27.

12 Ibíd., p. 27.

13 MUÑOZ MACHADO, Santiago. *Tratado de derecho administrativo y derecho público general. Tomo III. Los principios de constitucionalidad y legalidad.* Madrid: Agencia Estatal Boletín Oficial del Estado, 2015, p. 106.

14 Ibíd., p. 107.

mismo grupo de fenómenos al que pertenecen la crisis del derecho administrativo, la crisis del servicio público, la huida del derecho administrativo, la contractualización del derecho administrativo, entre otros. Todos ellos ponen en evidencia la permanente evolución y transformación de esta rama del derecho, como respuesta a la necesidad de adaptarse a una nueva realidad social[15].

Así pues, el derecho administrativo –siendo el resultado de las revoluciones liberales burguesas, el Estado de derecho y cimentado en *los principios de legalidad, separación de poderes y control judicial de las actuaciones estatales*[16]– se ha ido constitucionalizando. Tal constitucionalización del derecho administrativo ha impuesto la necesidad de dar una nueva interpretación y adecuación a los postulados del Estado de derecho liberal-burgués en que fue fundada esta disciplina jurídica y que trascendieron al modelo estatal vigente.

Como bien explica el profesor Santaella Quintero, tales postulados clásicos: "[...] deben descender del altar de lo sagrado y pasar a ser vistos como materiales sujetos integralmente al texto de la Constitución y a las exigencias de reconfiguración que esto eleva, con miras a asegurar la plena y cabal realización de los mandatos de la norma superior"[17]. Con el propósito de ejemplificar lo expuesto, señala el profesor Santaella Quintero que:

> El sistema de fuentes no puede quedar al margen de estas transformaciones. Dogmas inconcusos del pensamiento liberal como el de la ley como expresión de la voluntad general, la soberanía exclusiva y excluyente del Estado

---

15 OSPINA GARZÓN, Andrés. La constitucionalización del derecho administrativo y las jornadas internacionales de derecho administrativo. En: MONTAÑA PLATA, Alberto y OSPINA GARZÓN, Andrés (ed.). *La constitucionalización del derecho administrativo. XV jornadas internacionales de derecho administrativo.* Bogotá: Universidad Externado de Colombia, 2014, p. 11.

16 PAREJO ALFONSO, Luciano. Lecciones de derecho administrativo. Valencia: Tirant lo Blanch, 2012, p. 19.

17 SANTAELLA QUINTERO, Héctor. Las mutaciones del sistema de fuentes del derecho administrativo en Colombia: en tránsito hacia un ordenamiento jurídico administrativo menos jerárquico, menos rígido, menos formal y menos estatal. En: RINCÓN CÓRDOBA, Jorge (ed.). *Las transformaciones de la administración pública y el derecho administrativo. Tomo I. Constitucionalización de la disciplina y evolución de la actividad administrativa.* Bogotá: Universidad Externado de Colombia, 2019, p. 133.

> sobre su territorio, el monopolio público sobre la producción normativa en el Estado de derecho, la legalidad de la actuación administrativa o la separación de poderes, lo mismo que las instituciones acendradas como la reserva de ley, el reglamento ejecutivo o los efectos puramente inter partes de las decisiones judiciales, deben comenzar a ser revaluados a la luz de este nuevo orden constitucional, que se impone con su torrente de normas superiores[18].

En ese sentido, las bases del derecho administrativo deben ajustarse y entenderse dentro del contexto del Estado contemporáneo y, especialmente, resulta fundamental que las características del modelo social, democrático y participativo de derecho, consignadas en la Constitución Política de 1991, se vean reflejadas en el rol que asume la Administración Pública frente a la sociedad, en su interacción con el ciudadano y en los instrumentos a través de los cuales toma decisiones, ejerciendo sus potestades con observancia de los principios, valores y reglas establecidos constitucionalmente.

De no darse el fenómeno de la constitucionalización del derecho administrativo, esta disciplina jurídica se tornaría irritantemente anacrónica e obsoleta[19], toda vez que no cumpliría con las expectativas de la sociedad y su aplicación daría lugar a decisiones desacertadas y poco eficaces, por encontrarse descontextualizadas con la realidad económica, social y política de la Nación.

Sin lugar a dudas, en el Estado social y democrático de derecho existe una necesaria vinculación entre el derecho constitucional y el derecho administrativo que, a partir del reconocimiento de la constitución como norma jurídica superior dentro del sistema de fuentes del derecho, ha generado que el derecho administrativo se ponga al servicio de valores y fines constitucionales; siendo un instrumento que permite garantizar los derechos de las personas y resolver situaciones jurídicas que al interés general conciernen[20].

Además, entendiendo que la constitución política contiene los parámetros mínimos organizativos del poder público en una sociedad democrática, los cuales instituyen sus órganos y les asignan unas funciones; y que a su vez el derecho administrativo regula la actividad de las autoridades administrativas –siendo esta la forma más notoria

---

18 Ibíd., p. 133.

19 OSPINA GARZÓN, Andrés. Op. Cit., p. 11.

20 Ibíd., p. 14.

de poder público en la cotidianidad–, se colige la estrecha relación entre estas dos disciplinas jurídicas[21].

Como fue señalado por el profesor Baena Carrillo[22], todo problema de relevancia jurídico-administrativo pasa necesariamente por el territorio de lo constitucional. Resulta indispensable que así sea, puesto que, mediante ese filtro la Administración Pública conoce su primer y más importante dispositivo de control. Por tanto, las disposiciones constitucionales deberán considerarse el punto de partida de cualquier análisis jurídico, más aún, en lo administrativo.

Sobre el proceso de constitucionalización del derecho administrativo, el profesor Ospina Garzón manifiesta que:

> La constitucionalización le aporta así al Derecho administrativo sistematicidad, lo estructura como un cuerpo elaborado alrededor de unos mismos valores; lo guía hacia la consecución de unos fines socialmente fundamentales y en su aplicación a la función administrativa, le permite flexibilidad en la búsqueda de esos fines.
>
> [...]
>
> Gracias a la constitucionalización del Derecho administrativo, se realizan las aspiraciones iniciales tanto de DUGUIT como de DICEY, en torno a la unidad del derecho público, lo que no significa amalgama entre el Derecho constitucional y el administrativo o pérdida de su identidad y rol propios, sino la presencia de unas relaciones estrechas y permanentes que transforman al Derecho administrativo, por el influjo del Derecho constitucional y al Derecho constitucional, por el contacto del Derecho administrativo[23].

Así pues, la constitución política representa para el derecho administrativo una guía que establece los derroteros que deben acatar las autoridades públicas en el ejercicio de la función administrativa, esto es, que sus decisiones, actuaciones y procedimientos evidencien la aplicación de los principios, reglas y valores constitucionales. En

---

21 BAENA CARRILLO, Samuel. El derecho administrativo más allá de sus fronteras epistemológicas. En: RINCÓN CÓRDOBA, Jorge (ed.). *Las transformaciones de la administración pública y el derecho administrativo. Tomo I. Constitucionalización de la disciplina y evolución de la actividad administrativa.* Bogotá: Universidad Externado de Colombia, 2019, p. 72.

22 Ibíd., p. 72.

23 OSPINA GARZÓN, Andrés. Op. Cit., pp. 15 y ss.

definitiva, todo ello supone, como fue explicado en precedencia, una relación permanente entre estas dos ramas del derecho.

El fenómeno de la constitucionalización del derecho administrativo se ha materializado positivamente en distintos ordenamientos jurídicos. Un ejemplo de ello es la especial relevancia que tomó la Constitución Política de Alemania y el respeto por los derechos fundamentales en la década de los años sesenta, tras superarse los excesos de poder en la época del nacionalsocialismo. En ese entonces, existía una disposición según la cual los hombres que no tuvieran suficientes recursos económicos para su sostenimiento podían solicitar apoyo a las autoridades administrativas sociales; sin embargo, no tenían derecho a exigir judicialmente sus pretensiones, lo cual no era compatible con la constitución vigente pues dejaba a merced de la autoridad el reconocimiento del apoyo económico solicitado. A raíz de esta situación, el Tribunal Administrativo Alemán decidió darle aplicación al citado precepto social como una norma exigible, constitucionalizándola y generando importantes consecuencias jurídicas[24].

Resulta conveniente citar la fórmula expuesta por el alemán Fritz Werner, que se convirtió en paradigma fundamental del derecho administrativo en Alemania: "Derecho administrativo entendido como derecho constitucional concretizado"[25]. A partir de esta expresión, se evidencia la fuerza que posee la carta política para modelar e influir en el derecho administrativo; de allí que los conceptos *Estado de derecho, Estado social de derecho* y *democracia,* influyeran en la interpretación y aplicación de las normas de esta rama del derecho, incluyendo algunos escenarios en los cuales la autoridad administrativa maneja cierto grado de discrecionalidad.

Justa razón le asiste al profesor Schmidt Assmann, cuando manifiesta que entender el derecho administrativo como derecho constitucional concretizado, generó en el ordenamiento jurídico alemán las siguientes consecuencias:

- La posición del ciudadano ha sido mejorada.
- El Derecho Administrativo se volvió más abierto y flexible.

---

24 SCHMIDT ASSMANN, Eberhard. Op. Cit., p. 26.

25 Ibíd., p. 27.

- Los tribunales judiciales están sensibilizados por el significado de los derechos fundamentales y se han vuelto creativos para su protección.
- La ciencia jurídica ha seguido ganando en calidad mediante la reflexión de Derecho Constitucional[26].

Al desarrollar un examen de la experiencia de la constitucionalización del derecho administrativo alemán, resulta viable afirmar que existen ciertas similitudes entre esta tendencia y sus manifestaciones o efectos en el ordenamiento jurídico colombiano. A partir de los postulados que componen la parte dogmática de la Constitución Política de 1991, tales como la democracia participativa, el pluralismo, la importancia de los derechos fundamentales, entre otros, es evidente sostener, por un lado, que existe una transformación de la posición del ciudadano frente a la Administración Pública; por otro, que se encuentran procedimientos administrativos más participativos e incluyentes, y que aquéllos impositivos se adelantan en escenarios cada vez más limitados. Así mismo, la motivación de las providencias judiciales, con mayor frecuencia invocan disposiciones constitucionales como fundamentos que soportan tales decisiones.

En consecuencia, conviene destacar que, en el caso colombiano, al ahondar en cualquier asunto de derecho administrativo, o bien al estudiar una situación jurídica particular, remitirnos al texto constitucional siempre conlleva a encontrar el respectivo soporte aplicable, el cual representa una guía o directriz superior cuya consideración permite garantizar derechos o respetar ciertos límites y deberes, sean estos individuales o colectivos; evidenciándose así otro ejemplo de la constitucionalización del derecho administrativo en nuestro ordenamiento jurídico.

Queda en evidencia cómo el derecho constitucional posee la capacidad de fortalecer e impregnar el sistema del derecho administrativo, sus continuas transformaciones y evolución; siendo que, el primero, cumple una doble función respecto del segundo: de un lado, opera como un marco en cuyo seno verifica el cumplimiento de los

---

26 Ibíd., p. 27.

dogmas tradicionales y, de otro, sirve como receptor de las nuevas tendencias jurídicas[27].

No obstante, el profesor Schmidt Assmann señaló importantes interrogantes por resolver:

> ¿Resulta actualmente el derecho administrativo lo suficientemente flexible como para hacer frente a las nuevas situaciones y escenarios de riesgo que la sociedad presenta? ¿Son apropiadas las categorías jurídicas de que dispone para ahormar y disciplinar razonablemente las cambiantes técnicas de dirección y de producción del Estado moderno de acuerdo con los dictados y las exigencias de la cláusula del Estado de Derecho? ¿Cómo se pueden compensar y equilibrar las distintas exigencias o requerimientos –constitucionales y europeas– de la legitimidad democrática de la Administración Pública?[28]

En definitiva, los anteriores cuestionamientos representan inquietudes que conciernen al objeto de la presente investigación, especialmente en lo relacionado con la capacidad del derecho administrativo para responder a las exigencias dadas por las circunstancias fácticas actuales y por las necesidades contingentes de la población; así como también en lo relativo a la suficiencia de las categorías jurídicas con las que cuenta para resolver situaciones jurídicas.

1.2. DE LA DEMOCRACIA PARTICIPATIVA Y SU INCIDENCIA EN EL DERECHO ADMINISTRATIVO CONTEMPORÁNEO

Junto al fenómeno de la constitucionalización del derecho administrativo, resulta pertinente hacer alusión a la democracia, principio jurídico-político fundante del Estado constitucional, cuya conceptualización ha sido un reto asumido por centenares de académicos, juristas, politólogos, filósofos, entre otros, a lo largo de la historia de la humanidad. Teniendo en cuenta el enfoque de la presente investigación, conviene tomar la definición que, respecto de la democracia, propone el jurista Carpizo MacGregor:

---

27 SCHMIDT ASSMANN, Eberhard. La teoría general del derecho administrativo como sistema. Madrid y Barcelona: Marcial Pons, 2003, p. 17.

28 Ibíd., p. 17.

> La democracia se puede definir como el sistema en el cual los gobernantes son electos periódicamente por los electores; el poder se encuentra distribuido entre varios órganos con competencias propias y con equilibrios y controles entre ellos, así como responsabilidades señaladas en la Constitución con el objeto de asegurar los derechos fundamentales que la propia Constitución reconoce directa o indirectamente[29].

De esta definición, conviene resaltar la importancia que tienen, en el marco de un sistema democrático, el derecho al sufragio, el principio de división y separación de poderes, el respeto a los derechos humanos consagrados constitucionalmente y la existencia de mecanismos que controlen el ejercicio del poder público.

Así pues, el régimen democrático se compone fundamentalmente de cuatro elementos: 1. El derecho a elegir y ser elegido libremente; 2. La existencia de un pueblo activo y participativo; 3. La protección de los derechos humanos; 4. El cumplimiento y aplicación del cuerpo jurídico a todos por igual[30]. Estos elementos se encuentran consagrados en la Constitución Política de Colombia, específicamente guardan estrecha relación con el contenido del preámbulo y el artículo 2° constitucional, este último referido a los fines esenciales del Estado; e indiscutiblemente, en el contexto político, social, económico y cultural de Colombia, se evidencia la materialización de tales rasgos distintivos de la democracia[31].

Si bien existen distintos tipos de democracia, tales como la directa, la representativa y la participativa, esta última es la que interesa al objeto de la presente investigación, pues constituye uno de los pilares en que está fundado el Estado social y democrático de derecho en Colombia, tal y como fue expresamente consagrado en el artículo

---

29 CARPIZO MACGREGOR, Jorge. Concepto de democracia y sistema de gobierno en América Latina. Bogotá: Universidad Externado de Colombia y UNAM, 2009, pp. 95 y ss.

30 PASTRANA VALLS, Alejandro. El impacto de la movilidad cognitiva y los medios de información en la participación política de los mexicanos. *Cuadernos.info*. 2017, nro. 40. p. 17-37. Citado por: RODRÍGUEZ, Gloria. Yo participo, tu participas, otros deciden: la participación ambiental en Colombia. Bogotá: Friedrich-Ebert-Stiftung en Colombia y Foro Nacional Ambiental, 2021, p. 45.

31 COLOMBIA. ASAMBLEA NACIONAL CONSTITUYENTE. Op. Cit.

1° de la Constitución Política de 1991, al otorgarle a Colombia el carácter de: "[...] república democrática, participativa y pluralista"[32].

En ese sentido, siguiendo la línea sostenida por la Corte Constitucional, la naturaleza democrática de la carta política vigente tiene varios efectos:

> Entre otras cosas implica (i) que el Pueblo es poder supremo o soberano y, en consecuencia, es el origen del poder público y por ello de él se deriva la facultad de constituir, legislar, juzgar, administrar y controlar, (ii) que el Pueblo, a través de sus representantes o directamente, crea el derecho al que se subordinan los órganos del Estado y los habitantes, (iii) que el Pueblo decide la conformación de los órganos mediante los cuales actúa el poder público, mediante actos electivos y (iv) que el Pueblo y las organizaciones a partir de las cuales se articula, intervienen en el ejercicio y control del poder público, a través de sus representantes o directamente[33].

Así mismo, la Corte Constitucional[34] señaló que, con la entrada en vigencia de la Constitución Política de 1991, Colombia pasó de tener un modelo de democracia representativa a uno participativa, lo cual implicó que los administrados no se limitaran a votar cada cierto tiempo, confiando los intereses y necesidades colectivas a un selecto grupo de individuos, sino que, con esta forma de democracia, se abriera la posibilidad a la ciudadanía de interactuar de manera directa en la decisión, ejecución y control de la gestión estatal en sus diversos niveles de gobierno. Es por ello que la constitución política, con el propósito de ampliar los escenarios de intervención de los ciudadanos en las decisiones políticas, creó mecanismos que facilitaran su participación.

Resulta importante precisar que la democracia participativa no debe entenderse como un modelo absolutamente opuesto a aquél propio de la democracia representativa, por el contrario, debe concebirse como un complemento, toda vez que los diferentes mecanismos y formas de participación que configuran el concepto de

---

32 COLOMBIA. ASAMBLEA NACIONAL CONSTITUYENTE. Op. Cit.

33 COLOMBIA. CORTE CONSTITUCIONAL. Sentencia C-150/15. (8, abril, 2015). M.P.: Mauricio González Cuervo. Disponible en: https://www.corteconstitucional.gov.co/RELATORIA/2015/C-150-15.htm

34 COLOMBIA. CORTE CONSTITUCIONAL. Sentencia T-469/92. (17, julio, 1992). M.P.: Alejandro Martínez Caballero. Disponible en: https://www.corteconstitucional.gov.co/relatoria/1992/T-469-92.htm

democracia participativa deben añadirse o sumarse a las formas de gobierno representativo[35].

Entender la democracia participativa como complemento de la democracia representativa, trae consigo la aceptación de las siguientes afirmaciones. En primera medida, se comprende que la democracia participativa hace un perfeccionamiento de la democracia misma, atendiendo y no olvidando lo pactado por la democracia representativa, lo que implica que la participación adiciona determinados instrumentos jurídico-políticos[36] que permiten desarrollar o profundizar los postulados de la representación, valiéndose de lo existente, sin hacer sustitución alguna[37]. En segunda medida, bien dice en mejores términos el profesor Ramírez Nárdiz, tal complementación facilita el hecho de: "[...] que los ciudadanos se impliquen más y reconecten con las instituciones políticas (derechos como el sufragio) que, habitualmente, practican poco y, por ende, valoran escasamente"[38]. En tercera medida, se permite una ampliación del fenómeno participativo directo de la ciudadanía en el gobierno de su comunidad política; además se posibilita la expansión del control, supervisión, vigilancia e inspección de los ciudadanos sobre el ejercicio de las actividades de aquéllos que detentan el poder público[39].

---

35 SÁNCHEZ MORÓN, Miguel. El sistema político local: fórmulas de gobierno y participación ciudadana. En: AA.VV. *Informe sobre el gobierno local.* Madrid: Fundación Carles Pi Sunyer d´ estudis autonomics i locales–Ministerio para las Administraciones Públicas, 1992, p. 95. Citado por: ROBLEDO SILVA, Paula. El papel de la democracia participativa en la creación de nuevos municipios en Colombia. En: MONTAÑA PLATA, Alberto y OSPINA GARZÓN, Andrés (ed.). *La constitucionalización del derecho administrativo. XV jornadas internacionales de derecho administrativo.* Bogotá: Universidad Externado de Colombia, 2014, p. 267.

36 RAMÍREZ NÁRDIZ, Alfredo. Los retos de la democracia: la democracia participativa como complemento de la democracia representativa. *Estudios de Deusto.* 2013, vol. 61, nro. 1, pp. 282 y ss.

37 RAMÍREZ NÁRDIZ, Alfredo. Nuevo constitucionalismo latinoamericano y democracia participativa: ¿progreso o retroceso democrático? *Vniversitas.* 2016, nro. 132, p. 360.

38 Ibíd., p. 360.

39 RAMÍREZ NÁRDIZ, Alfredo. La participación como respuesta a la crisis de la representación: el rol de la democracia participativa.

En palabras de la Corte Constitucional, la democracia participativa: "expresa un proceso social de intervención de los sujetos en la definición del destino colectivo"[40] y, más allá de considerarse una práctica deseable, representa un fin esencial de la actividad del Estado, cuyas autoridades tienen el deber de facilitarla y promoverla, así como también de fomentar la intervención ciudadana en los procesos decisorios que conciernan al destino colectivo. Adicionalmente, el máximo tribunal constitucional señala que el principio democrático se caracteriza por ser expansivo y universal, explicando tales rasgos en los siguientes términos:

> De este deber se desprende el carácter expansivo del principio democrático, porque *"lejos de ignorar el conflicto social lo encauza a partir del respeto y constante reivindicación de un mínimo de democracia política y social que, de conformidad con su ideario, ha de ampliarse progresivamente conquistando nuevos ámbitos y profundizando permanentemente su vigencia, lo que demanda por parte de los principales actores públicos y privados un denodado esfuerzo para su efectiva construcción"*.
>
> [...]
>
> En esta perspectiva, al ya mencionado carácter expansivo del principio democrático se suma su carácter universal, que le corresponde *"en la medida en que compromete variados escenarios, procesos y lugares tanto públicos como privados y también porque la noción de política que lo sustenta se nutre de todo lo que vitalmente pueda interesar a la persona, a la comunidad y al Estado y sea por tanto susceptible de afectar la distribución, control y asignación del poder social"*.[41]

A partir de lo anterior, es posible entender la función del principio democrático en un Estado social de derecho, toda vez que su carácter expansivo y universal, se refiere a su progresiva y cada vez mayor aplicación en diversos contextos de la vida del conglomerado social; materializándose, por ejemplo, mediante la intervención de actores privados en procedimientos públicos, propiciando así una mayor incidencia en las decisiones que atañen a los intereses y necesidades de la comunidad y al devenir de la Nación.

Revista de Derecho Político. 2014, nro. 90, pp. 177 y ss.

40 COLOMBIA. CORTE CONSTITUCIONAL. Sentencia C-141/10. (26, febrero, 2010). M.P.: Humberto Antonio Sierra Porto. Disponible en: https://www.corteconstitucional.gov.co/relatoria/2010/c-141-10.htm

41 Ibíd.

Por otro lado, la adopción de la concepción participativa de la democracia, fundada en los principios del pluralismo, la tolerancia y la protección de derechos y libertades de las personas, representó un cambio en el sistema político colombiano, siendo una de sus manifestaciones más concretas la manera en que se define y se percibe al ciudadano, pues su actuación en los asuntos públicos se torna mucho más visible y relevante. En efecto, así lo ha explicado la Corte Constitucional en distintos pronunciamientos jurisprudenciales, tal y como se expone a continuación:

> El concepto de democracia participativa es más moderno y amplio que el de la democracia representativa. Abarca el traslado de los principios democráticos a esferas diferentes de la electoral, lo cual está expresamente plasmado en el artículo 2° de la Carta. Es una extensión del concepto de ciudadanía y un replanteamiento de su papel en una esfera pública que rebasa lo meramente electoral y estatal. El ciudadano puede participar permanentemente en los procesos decisorios que incidirán en el rumbo de su vida. Esto se manifiesta en varios artículos de la Carta sobre participación en escenarios diferentes al electoral[42].

Luego, resulta incuestionable que en el modelo democrático-participativo existe una mayor valoración del ciudadano, quién valiéndose de una serie de instrumentos jurídicos, tiene la posibilidad de tomar parte en las decisiones que lo afectan, coadyuvando así a las tareas estatales encaminadas a la satisfacción de intereses y necesidades colectivas. Por el contrario, sin la participación activa de los ciudadanos en las tareas confiadas a las autoridades, el Estado se expone a una detrimento irrecuperable de legitimidad como consecuencia de su inactividad respecto de las cambiantes y particulares necesidades de los diferentes sectores de la sociedad.[43]

Respecto del replanteamiento del concepto de ciudadano, en el marco de un sistema democrático-participativo, conviene señalar que este no se limita al ejercicio de mecanismos de participación ciudadana, tales como el referendo, la consulta popular, el voto, la revocatoria

---

42 COLOMBIA. CORTE CONSTITUCIONAL. Sentencia T-637/01. (15, junio, 2001). M.P.: Manuel José Cepeda Espinosa. Disponible en: https://www.corteconstitucional.gov.co/relatoria/2001/T-637-01.htm

43 COLOMBIA. CORTE CONSTITUCIONAL. Sentencia C-150/15. (8, abril, 2015). M.P.: Mauricio González Cuervo. Disponible en: https://www.corteconstitucional.gov.co/RELATORIA/2015/C-150-15.htm

del mandato, entre otros; sino que también comprende la posibilidad de participar de forma permanente en procesos decisorios no electorales que impacten o afecten, en alguna medida, su vida cotidiana. Así las cosas, la participación de los ciudadanos en asuntos no electorales incrementa su interés en problemáticas colectivas y su capacidad de atención a los procesos gubernamentales[44], generando como consecuencia una sociedad dinámica, propositiva y crítica.

En ese sentido, la participación del administrado en las actuaciones de carácter público, constituye un instrumento a través del cual se materializa el principio democrático constitucional; siendo muestra de ello que, en los procedimientos administrativos actuales, se han venido creando espacios de intervención ciudadana.

En principio, pudiera considerarse que la idea de *democracia* corresponde a un tema de índole político que poco incide en las actuaciones y procedimientos de la Administración Pública; sin embargo, lo cierto es que su conceptualización, aplicación e influencia, sí interesa a esta rama del derecho, toda vez que el principio democrático es el segundo pilar central de la formación del sistema de derecho administrativo, permitiendo establecer quién debe tener influencia legítima en las decisiones del Estado[45].

En esa medida, una sociedad en la que exista una participación concreta de los ciudadanos en las decisiones de la Administración Pública, da lugar a una Administración Pública que toma mejores y más eficaces decisiones, en tanto están legitimadas por la ciudadanía; ello en consonancia con lo dispuesto por el artículo 3° superior, según el cual, la soberanía reside exclusivamente en el pueblo [entiéndase en una mejor redacción *ciudadanía*] y de este emana el ejercicio del poder público[46].

De ahí que la democracia participativa permita a los ciudadanos ser tenidos en cuenta a la hora de tomar decisiones útiles que pro-

---

44 COLOMBIA. CORTE CONSTITUCIONAL. Sentencia C-180/94. (14, abril, 1994). M.P.: Hernando Herrera Vergara. Disponible en: https://www.corteconstitucional.gov.co/relatoria/1994/C-180-94.htm

45 SCHMIDT ASSMANN, Eberhard. El concepto de la constitucionalización del derecho administrativo. Op. Cit, p. 32.

46 COLOMBIA. ASAMBLEA NACIONAL CONSTITUYENTE. Op. Cit.

pendan por la satisfacción del interés general y el bien común, bien sea mediante la elección de representantes, o de su participación directa en escenarios deliberativos y decisorios.

Sin embargo, la relación autoridad administrativa-ciudadano no ha sido pacífica. En ella existe cierta tensión que, generalmente, está dada por las diferencias entre las exigencias de la población –concretamente de los gremios, asociaciones o grupos que solicitan intervención en asuntos públicos– y los planes gubernamentales legitimados democráticamente[47]; generando como consecuencia que no exista unanimidad respecto de lo que es considerado benéfico al interés general.

Es por ello por lo que, con el propósito de hacer menos intensas las diferencias entre ambos extremos de la relación, conviene destacar la importancia de la igualdad en la oportunidad de participación de los ciudadanos en un procedimiento administrativo, de modo que, independientemente del tema sometido a discusión o deliberación, deberá tenerse en cuenta la participación de todos los posibles interesados, afectados o destinatarios de una decisión administrativa; lo cual evitará la toma de decisiones sesgadas e ineficaces por parte de las autoridades públicas.

En suma, la participación debe ser *inclusiva*, respetar el principio de igualdad, la democracia y el debido proceso aplicable a toda clase de actuaciones y procedimientos administrativos; pues una intervención ciudadana que no obedezca estos principios constitucionales, o que se desarrolle con desconocimiento de los principios fundantes del Estado social y democrático de derecho y los derechos de las personas, no coadyuvará a la satisfacción de necesidades e intereses colectivos, que surgen a partir de los retos impuestos por la sociedad contemporánea.

Adicionalmente, como rasgo distintivo de la democracia participativa en la actualidad, se observa que su desarrollo se ha dado de manera sectorial, es decir, por áreas o por competencias administrativas, como educación, salud, medio ambiente, seguridad social, deportes, entre otros. Esta tendencia de la participación sectorial es considerada una manifestación de lo que algunos han denominado

---

47 SCHMIDT ASSMANN, Eberhard. El concepto de la constitucionalización del derecho administrativo. Op. Cit, p. 33.

como *sistema de redes sociales*[48]. En efecto, en el caso colombiano, los procedimientos administrativos participativos se han venido estableciendo normativamente en variados contextos y sectores, lo cual se ejemplificará en el segundo capítulo de la presente investigación.

Pues bien, como se ha explicado, en el ordenamiento jurídico del Estado social y democrático de derecho en Colombia, la democracia participativa es un principio esencial, cuyas características logran evidenciarse tanto en el texto constitucional como en diversas disposiciones de carácter legal y reglamentario; además, constituye un presupuesto fundamental para la creación de espacios participativos que dan lugar a una transformación en la dinámica de la relación de los ciudadanos con las autoridades administrativas.

1.3. EL FENÓMENO DE LA PARTICIPACIÓN ADMINISTRATIVA: REFLEXIÓN SOBRE UN ENCUENTRO ENTRE LA CIUDADANÍA Y LA ADMINISTRACIÓN PÚBLICA

El creciente protagonismo de la ciudadanía en los asuntos públicos es, indiscutiblemente, una expresión de la constitucionalización del derecho administrativo; pues representa la concreción jurídico-política del principio de participación y el principio democrático en el desarrollo de las actuaciones y procedimientos adelantados por las autoridades públicas, los cuales constituyen dos pilares en que está fundado el Estado social y democrático de derecho en Colombia, tal y como fue consagrado en el artículo 1° de la Constitución Política de 1991[49].

---

48 CANALES ALIENDE, José. La democracia participativa local. pp. 193 y ss. Citado por: ROBLEDO SILVA, Paula. El papel de la democracia participativa en la creación de nuevos municipios en Colombia. En: MONTAÑA PLATA, Alberto y OSPINA GARZÓN, Andrés (ed.). *La constitucionalización del derecho administrativo. XV jornadas internacionales de derecho administrativo.* Bogotá: Universidad Externado de Colombia, 2014, p. 268.

49 "Colombia es un Estado social de derecho organizado en forma de República unitaria, descentralizada, con autonomía de sus entidades territoriales, democrática, participativa y pluralista, fundada en el respeto de la dignidad humana, en el trabajo y la solidaridad de las personas que la in-

El principio de participación en las tareas administrativas ha propiciado un mayor encuentro entre la ciudadanía y la Administración Pública. Esto ha sido beneficioso, en la medida en que permite la gestión y atención de los intereses y necesidades colectivas de una manera más eficiente; un asunto que difícilmente puede lograrse bajo una concepción burocrática de administración que, entendida como relación jerárquica de mando y obediencia, margine o excluya las iniciativas participativas en la vida pública.

Al respecto, dice el profesor García de Enterría que: "introducir en las estructuras administrativas participaciones ciudadanas es romper esa impermeabilidad malsana, que ignora el medio social cuyas necesidades tratan de atenderse y que, además, estimula la burocracia a complacerse en sus visibles disfunciones"[50].

Así mismo, se hace patente el hecho de que la participación, a través de la inserción de iniciativas ciudadanas que conlleven a determinados acuerdos o consensos con la Administración Pública en el tratamiento de una problemática, no solo permite una adecuada persuasión o convencimiento de los potenciales destinatarios sobre la decisión administrativa que les afectará, sino que representa un buen signo de fortalecimiento de la legitimación democrática del ejercicio de las actuaciones y procedimientos administrativos. Tal fortalecimiento de la legitimidad democrática es *a posteriori,* debido a que las actuaciones y procedimientos administrativos ya cuentan *a priori* con aquella otorgada por la representación política, que se concreta en el voto, la elección popular y la competencia establecida por la ley.

Un rasgo distintivo de la participación del ciudadano en los asuntos que atiende la Administración Pública radica, precisamente, en que su motivación dentro de un procedimiento administrativo no es meramente privada, subjetiva o personal; por el contrario, es pública, objetiva o colectiva, pues su intervención –que trasciende la

---

tegran y en la prevalencia del interés general". COLOMBIA. ASAMBLEA NACIONAL CONSTITUYENTE. Op. Cit.

50 GARCÍA DE ENTERRÍA, Eduardo. Principios y modalidades de la participación en la vida administrativa. En: GÓMEZ-FERRER MORANT, Rafael y VILLAR PALASÍ, José (coord.). *Libro homenaje al profesor Luis Villar Palasí.* 1989, p. 439.

esfera privada, subjetiva o personal, propia de un procedimiento administrativo cuyos efectos sean *inter partes*– la hace como miembro inmerso en una comunidad política, a la que pretende coadyuvar en la tutela del interés general y el bienestar común.

Este matiz, ya había sido resaltado por García de Enterría[51] en los términos de intervención *uti singuilis* e intervención *uti cives* (o *uti socius*), lo cual nos permite entender que el tipo de participación ciudadana que interesa a los efectos de este trabajo de investigación es el segundo, pues otorga un estatus más elevado y activo al ciudadano como un sujeto al que la Administración Pública debe servir (la Administración como instrumento al servicio del ciudadano) y prestar (la Administración como prestadora de servicios públicos).

La intervención *uti cives* (o *uti socius*) se desarrolla, aun cuando no es sencilla su tipificación de manera completa y cerrada, en los siguientes cuadros o círculos participativos:

> *Participación orgánica*, ordenada sobre el modelo corporativo, en que el ciudadano se incorpora a órganos estrictamente tales de la administración; una *participación funcional*, en que el ciudadano actúa funciones administrativas sin perder su posición privada y sin incorporarse, por ello, a un órgano administrativo formal; y en tercer término, una *participación corporativa*, en que el administrado, sin dejar de actuar como tal y sin cumplir funciones materialmente públicas, secunda con su actuación privada el interés general en el sentido que la Administración propugna[52].

Al colocar el foco de atención en la participación administrativa *uti cives* o *uti socius*, no se hace otra cosa que propender en el ámbito público por un acercamiento del ciudadano como interesado directo de la decisión administrativa, lo cual puede aumentar eficientemente el conocimiento de la Administración Pública sobre las demandas sociales de la ciudadanía, y a su vez, brindar un mejor tratamiento de los intereses y necesidades colectivas.

Conviene resaltar que, si bien la participación ciudadana en los escenarios administrativos ha supuesto un cambio gradual de paradigma, consistente en la morigeración del carácter unilateral e imperativo con que suele entenderse desde antaño la actuación administrativa, no es menos cierto que, también, funciona como *un*

---

51 Ibíd., p. 441-442.

52 Ibíd., p. 443.

mecanismo de prevención, pues posibilita que, en el desarrollo de la gestión pública, se hagan visibles las falencias y aciertos en el funcionamiento del Estado para el tratamiento de una problemática, mediante el uso de demandas y apelaciones que emitan los ciudadanos.

Así, el resultado de dicha visibilidad recae en la creación concertada de alternativas que, según el profesor Espinosa: "[…] conduzcan a la creación deliberada de márgenes de acción que garanticen una mayor gobernabilidad y legitimidad democrática"[53].

Mayor gobernabilidad y legitimidad democrática son propósitos que trae consigo la intervención ciudadana en los asuntos administrativos. No puede ser de otra manera. Estos propósitos, que contribuyen a la solidaridad social entre la ciudadanía y la Administración Pública en la gestión y atención de los intereses generales y necesidades colectivas, como son la defensa de la legalidad y la materialización del bienestar común, más allá de suponer cierta sobrecarga, agravio o puesta en riesgo de la estabilidad y gobernabilidad de la actuación administrativa; por el contrario, su inclusión permite prever determinadas situaciones de riegos que, de por sí, no pueden ser previstas inicialmente por la Administración Pública; además, puede contribuir a la identificación y aviso de aquellas situaciones que ya existen y que no se han podido prever sin la necesaria intervención ciudadana[54].

En este sentido, al establecer un puente indispensable entre la Administración Pública y los ciudadanos, a través de la técnica de la participación, se propicia un replanteamiento en el modelo de actuación de la Administración Pública contemporánea, que se opone a ese modelo burocrático, jerarquizado y tradicional, basado en las relaciones de mando y obediencia propias del antiguo Estado liberal. Como bien manifiesta el profesor García de Enterría: "la participación ciudadana en los niveles de aplicación administrativa se nos presenta así más que como una verdadera alternativa a los modos tradicionales de adminis-

---

[53] ESPINOSA, Mario. La participación ciudadana como una relación socio-estatal acotada por la concepción de democracia y ciudadanía. *Andamios*. 2009, vol. 5, nro. 10, p. 82.

[54] Ibíd., p. 82.

trar, como un correctivo a la perversión de estos modos en fórmulas puramente burocráticas, impermeables al medio social"[55].

Esta clásica relación de mando y obediencia entre la Administración Pública y los ciudadanos, donde, muy bien dice el profesor Vásquez de Prada[56], al burócrata se le encomendaba el desarrollo de las actuaciones y procedimientos administrativos, mientras que al ciudadano se le marginaba al mero cumplimiento irrestricto de la decisión administrativa emitida por el primero, debe ser matizada. La razón de tal matiz estriba en que, en la contemporaneidad, período evidenciable por un aumento de los escenarios de participación administrativa, cuya existencia es producto de la constitucionalización del derecho administrativo, no es posible seguir predicando el desnivel entre Administración Pública y ciudadanía que exhibe la desigualdad existente desde tiempos pasados, concretamente antes del siglo XIX, en la cual la participación de la ciudadanía era prácticamente nula y el ciudadano era dejado de lado en la deliberación de los asuntos públicos.

Por su parte, en la contemporaneidad existe una relación de proporcionalidad directa entre el incremento en la demanda de servicios prestados por parte de la Administración Pública y la interacción con la ciudadanía como receptores de las decisiones administrativas, teniendo como eje central la utilización de *estrategias de comunicación* para el fortalecimiento de la correspondencia entre los administrados y la Administración Pública[57]. Así, resulta impensable que entre mayor sea la demanda de servicios, menor sea la participación ciudadana en los procedimientos administrativos, menos aún, cuando lo que se pretende es, indudablemente, establecer relaciones de proximidad entre ambos extremos; todo ello con miras a la atención de necesidades e intereses colectivos, lo cual solo es viable aumentando

---

55 GARCÍA DE ENTERRÍA, Eduardo. Op. Cit., p. 452.

56 VÁZQUEZ DE PRADA, Valentín. Nuevas perspectivas en la relación administración pública-administrados. *Documentación Administrativa.* 1980, nro. 186, p. 172.

57 HERNÁNDEZ SAMPELAYO, José. La colaboración del administrado con la administración. *Documentación Administrativa.* 1965, nro. 91-92, pp. 10 y ss.

los escenarios de intervención ciudadana en las decisiones administrativas que les afectarán.

En línea con lo anterior, el profesor Hernández Sampelayo[58] establece que ese contacto cercano entre la Administración Pública y la ciudadanía, mediante estrategias de comunicación que propicien auténticos, recíprocos, eficaces e informados diálogos, resulta ventajoso, debido a que la primera se apropia –como complemento a su labor administrativa– de la motivación, los intereses y deseos que direccionan al segundo. Ello con el objetivo de que la Administración Pública pueda ejercer una labor gestionante que incluya al ciudadano en el procedimiento administrativo, y que, a su vez, este pueda entender el porqué del accionar que llevará a cabo la autoridad administrativa, dando lugar a la creación de un espacio de equidad y correcta diligencia para ambas partes involucradas en el proceso de gobernanza.

Así, el modelo de actuación de la Administración Pública, fundado en el esquema de la participación ciudadana, responde en parte a lo que el profesor Barnés[59] denomina como la tercera generación del procedimiento administrativo, entendido como *una nueva forma de gobernanza* en la que la Administración Pública solicita la colaboración o cooperación no solo del sector privado, sino de las demás administraciones homólogas, bien sean nacionales e internacionales, para así resolver adecuada y eficazmente las inquietudes sociales.

En palabras del autor ya referenciado: "[...] la administración y otros actores [se refiere en parte a las empresas del sector privado y organizaciones no gubernamentales] se sirven de elementos o principios de procedimiento en las nuevas formas de gobernanza, los cuales están marcados por la colaboración entre administraciones, tanto dentro de las propias fronteras como más allá del Estado [se refiere al fenómeno de la administración compuesta en el plano internacional]"[60].

---

58 Ibíd., pp. 10 y ss.

59 BARNÉS, Javier. Tres generaciones del procedimiento administrativo. *Derecho PUCP.* 2011, nro. 67, pp. 90 y ss.

60 Ibíd., p. 79.

Esta nueva forma de gobernanza, que surge de la necesidad de cubrir las falencias en el desarrollo de las actuaciones y procedimientos administrativos tradicionales o clásicos adelantados por las autoridades públicas, exige el cumplimiento de dos presupuestos:

En primera medida, romper necesariamente con ese esquema burocrático, jerárquico y cerrado de gobierno, en el que la Administración Pública –como si de falso dios que todo lo puede se tratara– resuelve las problemáticas colectivas de manera imperativa, unilateral e independiente de la ciudadanía, inclusive, sin la colaboración de otras administraciones homólogas, bien sean nacionales e internacionales.

Segundo, transitar a un esquema cooperativo o colaborativo de gobierno que, caracterizado por no ser auto-suficiente, requiera de la comunicación y deliberación abiertas, en forma de red, de aquellos sujetos excluidos o marginados de los asuntos públicos, a fin de establecer consensos que posibiliten la gestión eficiente y compuesta de una determinada problemática.

En este sentido, la gobernanza reivindica la necesaria colaboración público-privada e interadministrativa en el tratamiento conjunto de necesidades e intereses colectivos; todo ello en el marco de actuaciones administrativas distinguidos no por su linealidad y secuencialidad, sino por su complejidad, escalonamiento y sistematicidad[61], lo que a su vez implica el otorgamiento de un mayor grado de responsabilidad y un especial protagonismo de estos sujetos, a través de iniciativas participativas, en la búsqueda de soluciones que no están, de por sí, predeterminadas o dadas por el legislador.

De igual manera, los procedimientos administrativos de tercera generación rechazan la dureza y rigidez del ya clásico modelo administrativo que concentra su función y lógica, por un lado, en la emisión de órdenes por parte de la Administración Pública y, por otro, en el cumplimiento irrestricto de la decisión administrativa por parte de la ciudadanía; abogando en todo caso por una ruptura de tal modelo que permita expandir el alcance del fenómeno participativo, a fin de que ocupe un lugar primario –y no secundario– en los asuntos públicos.

---

[61] Ibíd., p. 94.

Esta ruptura del clásico modelo de actuación administrativa y, por ende, el fomento de la expansión del fenómeno interactivo de la participación ciudadana, ambos llevados a cabo por la gobernanza administrativa, encuentran una necesaria justificación en la realidad social, concretamente, en el reconocimiento o la aceptación de la incapacidad de la Administración Pública para satisfacer eficazmente por sí misma, esto es, de manera autárquica, las necesidades e intereses colectivos.

Al respecto, el profesor Muñoz Machado, recordando las enseñanzas del profesor Fernández Rodríguez, manifiesta que: "se trata, para este autor, de que la Administración, que ha acumulado en sus manos la obligación de prestar una masa inmensa de servicios, se ha visto obligada a requerir el auxilio de los particulares en estas tareas de gestión, pero ello no ha supuesto una dejación de sus funciones ni una ruptura de posiciones monopolísticas, sino una utilización de los particulares como colaboradores suyos, dotándoles de prerrogativas y medios jurídicos que, en principio, sólo a la Administración pertenecen, para que su gestión pueda ser eficaz"[62].

Así, la nueva realidad social reclama a la Administración Pública que sus actuaciones no sigan manteniéndose anclados o sujetos a modelos administrativos que pertenecen a realidades sociales pasadas, parcialmente superadas desde el momento en que la Administración Pública aumentó el catálogo de servicios públicos que presta a la comunidad política. De allí que, resulte pertinente, para mantener un adecuado y eficiente funcionamiento administrativo en la prestación de servicios públicos, permitir la intervención ciudadana como una forma de colaboración o cooperación que ayude a remediar las disfuncionalidades que suelen presentarse en el ejercicio de las tareas administrativas.

Más aún, esta complementación público-privada e interadministrativa, en la nueva realidad social, conlleva la aceptación de dos matices o reajustes, de gran relevancia, en las actuaciones y procedimientos administrativos: por un lado, el reconocimiento de la in-

---

62 MUÑOZ MACHADO, Santiago. Las concepciones del derecho administrativo y la idea de participación en la administración. *Revista de administración pública.* 1997, nro. 84, p. 527.

cidencia del ciudadano más allá de la representación política, esto es, de su no limitación, agotamiento y conclusión a lo meramente electoral; por otro lado, el reconocimiento de la incidencia del ciudadano más allá de su participación como simple interesado en los procedimientos y actuaciones administrativas cuyo objeto consista en la protección de derechos e intereses propios o privados (participación *uti singuilis*)[63].

La profesora Camacho Cepeda sintetiza en las siguientes líneas lo que, hasta el momento, se ha expuesto: "[...] se desprende que los mecanismos de participación en el ámbito político se han mostrado insuficientes para evitar el proceso de enajenación del poder que ha sufrido el ciudadano. Esto se aprecia con mayor precisión en el ámbito administrativo. El Estado se ha complejizado y a la par de haber asumido nuevas funciones, el aparato administrativo ha crecido y su actuación es cada vez más influyente en la vida cotidiana. Por tanto, es en esta esfera de mayor conexión con el ciudadano que la participación se plantea con urgencia"[64].

Paralelamente a la importancia de la colaboración o cooperación en la configuración de las decisiones administrativas, la participación ciudadana se particulariza como *un instrumento de control, supervisión y vigilancia*, y a su vez, como *un medio para solicitar la rendición de cuentas*, en el ejercicio de las actuaciones y procedimientos realizadas por la Administración Pública[65], lo cual implica también que no solo la Administración Pública, sino el ciudadano, asume un cierto grado de responsabilidad, es decir, se corresponsabiliza, en la decisión administrativa que pretenderá satisfacer las demandas sociales.

Otro rasgo distintivo de la participación ciudadana en la contemporaneidad, concretamente en la gobernanza administrativa, también se hace visible a partir de su incorporación en la actuación y procedimiento de adopción de políticas públicas por un Estado, pues este debe resolver problemáticas sociales, económicas o de cual-

---

63 Ibíd., p. 530

64 CAMACHO CEPEDA, Gladys. La participación ciudadana en la administración pública introducción. *Revista de Derecho de la Universidad Católica de Valparaiso.* 1997, nro. 18, p. 374.

65 MUÑOZ MACHADO, Santiago. Op. Cit. p. 531.

quier índole, cada vez más complejas, requiriendo entonces, la formulación de soluciones colaborativas o cooperativas que implican necesariamente la intervención de sujetos distintos a las autoridades administrativas. En línea con lo anterior, la profesora Díaz Aldret explica en los siguientes términos que:

> [...] También juegan a favor de la participación la propagación de los valores de la democracia y el hecho de que, a consecuencia de ello, los gobiernos se vean obligados a legitimar cada vez más sus acciones frente a una ciudadanía que demanda ser tomada en cuenta, una rendición de cuentas más significativa y una mayor transparencia en las decisiones. De manera que, tanto desde la práctica como desde la teoría de la administración pública, el desarrollo de políticas públicas participativas responde tanto a la presión ejercida desde la ciudadanía como a la necesidad de cubrir determinados déficits de gestión. Para ser legítimas, las políticas y acciones de gobierno deben estar cada vez más ancladas en las necesidades y aspiraciones de los ciudadanos y para ser más eficaz, la hechura de las políticas públicas puede requerir la información, la colaboración, los conocimientos y la experiencia de actores no gubernamentales y de la ciudadanía en general[66].

En suma, las actuaciones administrativas participativos son una muestra o expresión en la práctica del fenómeno de la constitucionalización, pues se estaría materializando en el actuar de las autoridades un principio o pilar de la carta política: la participación ciudadana. En otros términos, un derecho administrativo constitucionalizado, la disolución de la frontera que separaba diametralmente la esfera pública de la privada y el creciente protagonismo de la participación de la sociedad en los asuntos públicos, impone la necesidad de reflexionar acerca de la transformación del modelo de actuación de la Administración Pública contemporánea y, concretamente, sobre la forma en que las autoridades administrativas se relacionan con los destinatarios de sus decisiones: los ciudadanos.

Aunado a lo anterior, en el derecho administrativo contemporáneo, se hacen cada vez más frecuentes nuevas formas de relaciones jurídicas bilaterales, que han ocasionado que *el centro de gravedad del derecho administrativo* se haya ido desplazando desde el acto administrativo imperativo hacia fórmulas negociales; es decir, de forma paralela a las decisiones tradicionales que expiden las autoridades

66 DIAZ ALDRET, Ana. Participación ciudadana en la gestión y en las políticas públicas. Gestión y Política Pública [online]. 2017, vol. 26, nro. 2, p. 350.

públicas, han surgido otras que denotan la posición protagónica del administrado, no solo en lo relativo a sus derechos, sino también en cuanto a su influencia en la configuración de las decisiones de la Administración Pública que le son más relevantes[67].

En ese sentido, gozando el ciudadano de una mayor participación en los procedimientos administrativos que dan lugar a decisiones que lo afectan, puede colegirse que ya no se trata de un sujeto pasivo de la Administración Pública; pues si bien –eventualmente– se encuentra en una situación de subordinación frente a esta última, también ejerce derechos cada vez de mayor importancia y que suelen rebasar lo puramente individual[68].

En definitiva, los vínculos entre las autoridades y los ciudadanos han ido estrechándose debido a las mayores interacciones entre ellos, así como también a partir del reconocimiento de mayores derechos y libertades, los cuales se concretan, por ejemplo, en espacios de participación dentro de las actuaciones y procedimientos administrativos.

---

67 SANTOS RÓDRIGUEZ, Jorge. El rol del administrado en el Estado constitucional. En: RINCÓN CÓRDOBA, Jorge (ed.). *Las transformaciones de la administración pública y el derecho administrativo. Tomo I. Constitucionalización de la disciplina y evolución de la actividad administrativa.* Bogotá: Universidad Externado de Colombia, 2019, p. 293.

68 Ibíd., p. 299.

2. *El alcance de la participación ciudadana en el ejercicio la actividad administrativa en Colombia a partir de la identificación de dos sectores de referencia*

El presente capítulo pretende visibilizar la incidencia del principio constitucional de participación, a través de la intervención ciudadana, en distintos grados y matices, al interior de cuatro procedimientos administrativos especiales, contemplados en el ordenamiento jurídico colombiano, pertenecientes a dos sectores de referencia titulados como *protección del medio ambiente y desarrollo sostenible*, por un lado, y *vivienda y desarrollo territorial*, por otro.

2.1. ACTUACIONES Y PROCEDIMIENTOS ADMINISTRATIVOS RELACIONADOS CON LA PROTECCIÓN DEL MEDIO AMBIENTE Y DESARROLLO SOSTENIBLE

La protección de los bienes culturales y recursos naturales de la Nación constituye una obligación del Estado y de las personas en la República de Colombia, según lo establece el artículo 8° de la Constitución Política de 1991[1], en el título relativo a los principios fundamentales que caracterizan el Estado social y democrático de derecho.

---

1 COLOMBIA. ASAMBLEA NACIONAL CONSTITUYENTE. Op. Cit.

A su vez, el texto constitucional en su artículo 79 calificó *el derecho a un ambiente sano y la protección de la diversidad e integridad del ambiente* como un derecho colectivo, disponiendo que la ley garantizará la participación de la comunidad en las decisiones que puedan afectarlo[2].

En línea con lo anterior, el numeral 12 del artículo 1° de la Ley 99 de 1993 estableció como principio general ambiental que: "el manejo ambiental del país, conforme a la Constitución Nacional, será descentralizado, democrático y participativo"[3].

Al respecto, no menos importante ha sido el principio 10 de la Declaración de Río sobre el Medio Ambiente y el Desarrollo cuando expresa que: "el mejor modo de tratar las cuestiones ambientales es con la participación de todos los ciudadanos interesados, en el nivel que corresponda"[4].

Así mismo, la Corte Constitucional[5] ha señalado que, frente a proyectos que impliquen manipulación e intervención ambiental, cuando se trate de poblaciones que no cuentan con el derecho a la consulta previa, las autoridades administrativas competentes tienen la obligación constitucional de propiciar escenarios de participación donde se generen espacios de interacción entre los ciudadanos, las empresas concesionarias y las autoridades públicas, a través de los cuales: "(i) se brinde información precisa y completa sobre la ejecu-

---

2 Ibíd.

3 COLOMBIA. CONGRESO DE LA REPÚBLICA. Ley 99. (22 de diciembre de 1993). Por la cual se crea el Ministerio del Medio Ambiente, se reordena el Sector Público encargado de la gestión y conservación del medio ambiente y los recursos naturales renovables, se organiza el Sistema Nacional Ambiental, SINA, y se dictan otras disposiciones. En: Diario Oficial. 1993, no. 41.146. [Consultado el 16 de julio de 2022]. Disponible en: http://www.secretariasenado.gov.co/senado/basedoc/ley_0099_1993.html#1

4 BRASIL. CONFERENCIA DE LAS NACIONES UNIDAS SOBRE EL MEDIO AMBIENTE Y EL DESARROLLO. Declaración de Río sobre el Medio Ambiente y el Desarrollo. (3 al 14 de junio 1992). [Consultado el 23 de julio de 2022]. Disponible en: https://www.un.org/spanish/esa/sustdev/agenda21/riodeclaration.htm

5 COLOMBIA. CORTE CONSTITUCIONAL. Sentencia T-095/15. (10, marzo, 2015). M.P.: Jorge Ignacio Pretelt Chaljub. Disponible en: https://www.corteconstitucional.gov.co/relatoria/2015/T-095-15.htm

ción del proyecto; (ii) se atiendan las objeciones presentadas por las comunidades; (iii) se obtenga el consentimiento libre e informado de los afectados e interesados; y (iv) se logren diagnósticos y puntos de concertación precisos y eficientes”[6].

Además, la jurisprudencia del máximo tribunal constitucional ha desarrollado el derecho a la participación en asuntos ambientales: “como una herramienta que permite a los ciudadanos tener la posibilidad de expresar sus inquietudes y consideraciones en relación con megaproyectos que generen impactos ambientales y amenacen con generar regresividad en los derechos económicos, sociales y culturales de la comunidad, de manera que se formen espacios de interacción entre la población, las autoridades públicas y los concesionarios, que permitan entrelazar las diferentes estimaciones de las partes, así como llegar a puntos de concertación”[7].

Pues bien, la legislación colombiana contempla procedimientos administrativos para la gestión e intervención del Estado en asuntos relacionados con la explotación de recursos naturales, con el propósito de proteger el medio ambiente y garantizar este derecho a la población. Tales procedimientos administrativos prevén la participación de la ciudadanía en la configuración de las mencionadas decisiones. A continuación, se ejemplifica lo señalado en precedencia a partir de dos escenarios: el otorgamiento de licencias ambientales y la celebración de consultas previas a las comunidades étnicas.

2.1.1. El otorgamiento de licencias ambientales

En Colombia, el Decreto 1076 de 2015, por medio del cual se expidió el Decreto Único Reglamentario del Sector Ambiente y Desarrollo Sostenible, define en su artículo 2.2.2.3.1.3 la licencia ambiental en los siguientes términos:

> La licencia ambiental, es la autorización que otorga la autoridad ambiental competente para la ejecución de un proyecto, obra o actividad, que de acuerdo con la ley y los reglamentos, pueda producir deterioro grave a los recursos naturales renovables o al medio ambiente o introducir modificacio-

---

6 Ibíd.

7 Ibíd.

nes considerables o notorias al paisaje; la cual sujeta al beneficiario de esta, al cumplimiento de los requisitos, términos, condiciones y obligaciones que la misma establezca en relación con la prevención, mitigación, corrección, compensación y manejo de los efectos ambientales del proyecto, obra o actividad autorizada.

La licencia ambiental llevará implícitos todos los permisos, autorizaciones y/o concesiones para el uso, aprovechamiento y/o afectación de los recursos naturales renovables, que sean necesarios por el tiempo de vida útil del proyecto, obra o actividad.

El uso, aprovechamiento y/o afectación de los recursos naturales renovables, deberán ser claramente identificados en el respectivo estudio de impacto ambiental.

La licencia ambiental deberá obtenerse previamente a la iniciación del proyecto, obra o actividad. Ningún proyecto, obra o actividad requerirá más de una licencia ambiental.

[...][8]

Así pues, de acuerdo con la norma previamente citada, la licencia ambiental es el acto administrativo por el cual la Administración Pública (bien sea Autoridad Nacional de Licencias Ambientales, Corporaciones Autónomas Regionales, municipios, distritos o áreas metropolitanas), en ejercicio de la función administrativa y atendiendo la solicitud de un particular, autoriza la ejecución de un proyecto, obra o actividad que cause o pueda causar un impacto sobre los recursos naturales renovables, el medio ambiente o el paisaje.

Conviene precisar que el otorgamiento de una licencia ambiental está supeditado al cumplimiento de ciertas formalidades o requisitos por parte del interesado, tales como la presentación de *un estudio de impacto ambiental* o *un diagnóstico ambiental de alternativas* –dependiendo de la naturaleza de la actividad a desarrollarse– para que sea evaluado por la autoridad ambiental, conforme las estipulaciones legales y reglamentarias vigentes en la materia.

---

8 COLOMBIA. MINISTERIO DE AMBIENTE Y DESARROLLO SOSTENIBLE. Decreto 1076. (26 de mayo de 2015). Por medio del cual se expide el Decreto Único Reglamentario del Sector Ambiente y Desarrollo Sostenible. En: Diario Oficial. 2015, no. 49.523. [Consultado el 16 de julio de 2022]. Disponible en: https://www.funcionpublica.gov.co/eva/gestornormativo/norma.php?i=78153

De conformidad con los profesores Sánchez Zapata y Vergara Mesa: "se trata entonces de un procedimiento evaluativo en el cual la autoridad debe tomar una decisión motivada de acuerdo con la viabilidad ambiental del proyecto o actividad demostrada con los estudios requeridos y con los mecanismos de participación de las comunidades y afectados"[9].

En cuanto a la participación de las comunidades en el procedimiento administrativo de expedición de licencias ambientales, el mencionado Decreto 1076 estableció en su artículo 2.2.2.3.3.3 que: "se deberá informar a las comunidades el alcance del proyecto, con énfasis en los impactos y las medidas de manejo propuestas y valorar e incorporar en el estudio de impacto ambiental, cuando se consideren pertinentes, los aportes recibidos durante este proceso"[10].

En el mismo sentido, en el título 10° de la Ley 99 de 1993, denominado *De los modos y procedimientos de participación ciudadana*, concretamente en el artículo 79, se estipuló el derecho de la ciudadanía a intervenir en los procedimientos administrativos ambientales, así: "cualquier persona natural o jurídica o privada, sin necesidad de demostrar interés jurídico alguno, podrá intervenir en las actuaciones y procedimientos administrativos iniciadas para la expedición, modificación o cancelación de permisos o licencias de actividades que afecten o puedan afectar el medio ambiente o para la imposición o revocación de sanciones por el incumplimiento de las normas y regulaciones ambientales"[11].

Igualmente, el artículo 62 de la citada Ley 99 consagró el mecanismo de *las audiencias públicas ambientales*, las cuales pueden celebrarse dentro del trámite de decisiones administrativas ambientales, bien sea, por ejemplo: "cuando se desarrolle o pretenda desarrollarse una obra o actividad que pueda causar impacto al medio ambiente o a

---

9 SÁNCHEZ ZAPATA, Diana y VERGARA MESA, Hernán. La unilateralidad de los actos administrativos en Colombia a partir del principio de participación en el marco de los procedimientos administrativos. *Revista Derecho del Estado*. 2022, nro. 51, p. 244.

10 COLOMBIA. MINISTERIO DE AMBIENTE Y DESARROLLO SOSTENIBLE. Op. Cit.

11 COLOMBIA. CONGRESO DE LA REPÚBLICA. Op. Cit.

los recursos naturales renovables, y para la cual se exija permiso o licencia ambiental conforme a la ley o a los reglamentos"[12].

Pues bien, la celebración de una audiencia pública ambiental podrá ser solicitada por parte de distintas autoridades administrativas o por iniciativa de un grupo de por lo menos cien ciudadanos interesados o tres entidades sin ánimo de lucro, debiendo desarrollarse con anticipación al acto por el cual finaliza el procedimiento administrativo, ya sea para la expedición, modificación o cancelación de un permiso o licencia ambiental.

Aunado a lo anterior, conviene destacar que en la referida audiencia se recibirán las informaciones y pruebas consideradas conducentes para el trámite objeto de evaluación por parte de la autoridad ambiental. Además, la decisión administrativa definitiva deberá ser motivada y tendrá en cuenta las intervenciones y elementos probatorios obtenidos a partir de la celebración de la audiencia.

Por tanto, tenemos que, en el marco de una actuación administrativa en el cual se hubiese celebrado una audiencia pública ambiental con la inserción de iniciativas participativas de la ciudadanía o de entidades sin ánimo de lucro, es posible afirmar que el proceso de formación o estructuración de la decisión administrativa correspondiente se desarrolló con la intervención de actores distintos a la Administración Pública, lo cual representa un claro ejemplo de la importancia e incidencia del *principio constitucional de participación* en las actuaciones administrativas contemporáneos.

Indiscutiblemente, el ejercicio de este tipo de mecanismos trae consigo la atenuación de la unilateralidad que ha caracterizado tradicionalmente a las decisiones adoptadas por la Administración Pública, toda vez que este atributo o propiedad se flexibiliza, teniendo en cuenta la intervención de la ciudadanía en la construcción de la decisión que pone fin al respectivo procedimiento adelantado por la autoridad ambiental en cumplimiento de su función administrativa.

Además, sean de buen recibo el aporte de los profesores Sánchez Zapata y Vergara Mesa acerca de la participación ciudadana en el otorgamiento de las licencias ambientales, tal y como se indica en los siguientes términos:

---

12 COLOMBIA. CONGRESO DE LA REPÚBLICA. Op. Cit.

> Esta participación se entiende garantizada cuando se cumplen como mínimo las siguientes fases que constituyen, en sí mismas, estándares para verificar su cumplimiento: a) convocatoria pública de los posibles afectados; b) información adecuada sobre la decisión o ejecución del proyecto que incluye el suministro de los datos, documentos, hechos, nociones y mensajes mediante los cuales los ciudadanos construyen su propio criterio; c) la consulta e iniciativa, que implica que los participantes emiten su opinión, juicio o análisis sobre el asunto de debate y formulan opciones así como alternativas al problema para resolver la situación; d) la concertación razonada sobre el objeto de debate en la planificación y ejecución del proyecto, que implica el acuerdo o consenso entre varias personas o grupos de la sociedad con el fin de adoptar la solución adecuada para el escenario planteado; e) la decisión, en la que se escoge una sugerencia de las varias alternativas propuestas para definir el plan de acción a seguir sobre un problema y se incorporan los resultados del consenso. Y, por último, con las fases de f) gestión y g) fiscalización, que permiten verificar y hacer seguimiento a las obligaciones derivadas del acto administrativo[13].

En suma, la participación ciudadana en el procedimiento administrativo por el cual se expide o modifica una licencia o permiso ambiental, se traduce en la creación de escenarios que permiten la discusión, deliberación y concertación en la toma de decisiones administrativas relacionadas con la ejecución de proyectos, obras o actividades que impactan o podrían impactar en el medio ambiente, reflejando así un notorio cambio en la forma de actuar de la Administración Pública.

2.1.2. La celebración de consultas previas a las comunidades étnicas

En Colombia, el derecho fundamental a la consulta previa a las comunidades étnicas (entiéndase grupos indígenas, raizales, negras, afrocolombianas, palenqueras y ROM o gitanas), encuentra sustento supra legal en diversas disposiciones de la Constitución Política de 1991; asunto que se observa, inclusive, desde los principios fundamentales que rigen el Estado social y democrático de derecho, caracterizado por los ideales de la participación y el pluralismo (artículo 1°), el reconocimiento y protección la diversidad étnica y cultural de la Nación (artículo 7°), las riquezas culturales y naturales (artículo

[13] SÁNCHEZ ZAPATA, Diana y VERGARA MESA, Hernán. La incidencia del principio de participación ambiental en la teoría del acto administrativo. *Vniversitas*, 2021, vol. 70, p. 10.

8°), la autodeterminación de los pueblos (artículo 9°) y el carácter inalienable, imprescriptible e inembargable de los territorios comunales de los grupos étnicos (artículo 73)[14].

Así mismo, se destaca la importancia de la participación de los grupos indígenas en los asuntos que puedan afectar la integridad cultural, social y económica de su comunidad, tal y como bien señala el parágrafo del artículo 330 superior, que se refiere a la organización y funciones de los territorios indígenas, en los siguientes términos: "la explotación de los recursos naturales en los territorios indígenas se hará sin desmedro de la integridad cultural, social y económica de las comunidades indígenas. En las decisiones que se adopten respecto de dicha explotación, el Gobierno propiciará la participación de los representantes de las respectivas comunidades"[15].

En línea con lo anterior, el Convenio Núm. 169 de la Organización Internacional del Trabajo sobre Pueblos Indígenas y Tribales, ratificado por Colombia mediante la Ley 21 de 1991, consagró en su artículo 6° el derecho a la consulta previa en favor de las comunidades étnicas, cuyo tenor literal reza que:

> 1. Al aplicar las disposiciones del presente Convenio, los gobiernos deberán:
>
> a) Consultar a los pueblos interesados, mediante procedimientos apropiados y en particular a través de sus instituciones representativas, cada vez que se prevean medidas legislativas o administrativas susceptibles de afectarles directamente;
>
> b) Establecer los medios a través de los cuales los pueblos interesados puedan participar libremente, por lo menos en la misma medida que otros sectores de la población, y a todos los niveles en la adopción de decisiones en instituciones electivas y organismos administrativos y de otra índole responsables de políticas y programas que les conciernan;
>
> c) Establecer los medios para el pleno desarrollo de las instituciones e iniciativas de esos pueblos y en los casos apropiados proporcionar los recursos necesarios para este fin.
>
> 2. Las consultas llevadas a cabo en aplicación de este Convenio deberán efectuarse de buena fe y de una manera apropiada a las circunstancias, con

---

14 COLOMBIA. ASAMBLEA NACIONAL CONSTITUYENTE. Op. Cit.

15 COLOMBIA. ASAMBLEA NACIONAL CONSTITUYENTE. Op. Cit.

> la finalidad de llegar a un acuerdo o lograr el consentimiento acerca de las medidas propuestas[16].

Además, el numeral 3° del artículo 7° del convenio referenciado dispuso que: "los gobiernos deberán velar porque, siempre que haya lugar, se efectúen estudios, en cooperación con los pueblos interesados, a fin de evaluar la incidencia social, espiritual y cultural y sobre el medio ambiente que las actividades de desarrollo previstas puedan tener sobre esos pueblos. Los resultados de estos estudios deberán ser considerados como criterios fundamentales para la ejecución de las actividades mencionadas"[17].

Aunado a lo anterior, el numeral 2° del artículo 15 plantea lo siguiente:

> En caso de que pertenezca al Estado la propiedad de los minerales o de los recursos del subsuelo, o tenga derechos sobre otros recursos existentes en las tierras, los gobiernos deberán establecer o mantener procedimientos con miras a consultar a los pueblos interesados, a fin de determinar si los intereses de esos pueblos serían perjudicados, y en qué medida, antes de emprender o autorizar cualquier programa de prospección o explotación de los recursos existentes en sus tierras. Los pueblos interesados deberán participar siempre que sea posible en los beneficios que reporten tales actividades, y percibir una indemnización equitativa por cualquier daño que puedan sufrir como resultado de esas actividades.

Ahora bien, a partir del conjunto de disposiciones jurídicas previas, que hacen parte del llamado bloque de constitucionalidad, es posible colegir que el Estado colombiano tiene, por un lado, el deber de garantizar el ejercicio de los mecanismos de participación ciudadana a las comunidades étnicas en los asuntos que les conciernen; por otro, la obligación específica de garantizar el derecho a la consulta previa cuando, bien dice el literal a) del artículo 6° del mentado convenio: "se prevean medidas legislativas o administrativas susceptibles de afectarles directamente"[18] o se pretenda el desarrollo de

---

16 SUIZA. ORGANIZACIÓN INTERNACIONAL DEL TRABAJO. Convenio Núm. 169 sobre Pueblos Indígenas y Tribales. (27 de junio 1989). [Consultado el 23 de julio de 2022]. Disponible en: https://www.ilo.org/wcmsp5/groups/public/—-americas/—-ro-lima/documents/publication/wcms_345065.pdf

17 Ibíd.

18 Ibíd.

obras, actividades o proyectos relacionados con la explotación de recursos naturales en sus territorios.

En ese sentido, las comunidades étnicas gozan de un derecho de participación denominado como *derecho a la consulta previa*, que tiene el atributo de ser *fundamental* y de carácter *colectivo*, lo que les permite ser consultadas antes de iniciar el desarrollo de proyectos, obras o actividades dentro de sus territorios, así como ser tenidas en cuenta en la toma de medidas administrativas o iniciativas legislativas que puedan afectar su subsistencia e integridad cultural, social y económica, buscando con ello obtener el consentimiento de la comunidad respecto de las decisiones correspondientes.

Como nadie ignora, las finalidades del mecanismo de consulta previa son múltiples. Así lo ha explicado la Corte Constitucional:

> La institución de la consulta a las comunidades indígenas que pueden resultar afectadas con motivo de la explotación de los recursos naturales, comporta la adopción de relaciones de comunicación y entendimiento, signadas por el mutuo respeto y la buena fe entre aquéllas y las autoridades públicas, tendientes a buscar: a) Que la comunidad tenga un conocimiento pleno sobre los proyectos destinados a explorar o explotar los recursos naturales en los territorios que ocupan o les pertenecen, los mecanismos, procedimientos y actividades requeridos para ponerlos en ejecución. b) Que igualmente la comunidad sea enterada e ilustrada sobre la manera como la ejecución de los referidos proyectos puede conllevar una afectación o menoscabo a los elementos que constituyen la base de su cohesión social, cultural, económica y política y, por ende, el sustrato para su subsistencia como grupo humano con características singulares. c) Que se le dé la oportunidad para que libremente y sin interferencias extrañas pueda, mediante la convocación de sus integrantes o representantes, valorar conscientemente las ventajas y desventajas del proyecto sobre la comunidad y sus miembros, ser oída en relación con las inquietudes y pretensiones que presente, en lo que concierna a la defensa de sus intereses y, pronunciarse sobre la viabilidad del mismo. Se busca con lo anterior, que la comunidad tenga una participación activa y efectiva en la toma de la decisión que deba adoptar la autoridad, la cual en la medida de lo posible debe ser acordada o concertada[19].

De acuerdo con lo anterior, en el marco de un procedimiento administrativo especial caracterizado por la comunicación, el respeto mutuo y la buena fe entre las partes, conviene destacar tres pre-

---

19 COLOMBIA. CORTE CONSTITUCIONAL. Sentencia SU-039/97. (03, febrero, 1997). M.P.: Antonio Barrera Carbonell. Disponible en: https://www.corteconstitucional.gov.co/relatoria/1997/su039-97.htm

supuestos o elementos distintivos de la consulta previa, a saber: i) el *conocimiento* por parte de la comunidad étnica sobre el proyecto, obra o actividad a desarrollarse y las consecuencias o efectos generados a sus prácticas colectivas y a los recursos naturales; ii) la *oportunidad de valoración* consciente de las ventajas y desventajas de la ejecución del proyecto, obra o actividad de que se trate, dentro del territorio que habitan; y iii) la posibilidad de *presentar inquietudes* y *plantear pretensiones* tendientes a defender los intereses colectivos, así como la *formulación de medidas* que prevendrán, mitigarán o compensaran las afectaciones ocasionadas; todo ello en procura de salvaguardar la integridad social, cultural, económica y ambiental de la comunidad indígena.

En definitiva, la concurrencia de tales particularidades evidencia la materialización de un proceso de diálogo intercultural, a través de la participación eficiente, relevante y activa de la comunidad étnica, en la configuración o estructuración de la decisión administrativa que deba adoptarse en el respectivo caso, la cual deberá ser –en la mayor medida posible– acordada o concertada.

Bien, el derecho fundamental a la consulta previa en Colombia se concreta a través del procedimiento administrativo descrito en la Directiva Presidencial No. 10 de 2013[20], mediante la cual fue expedida la *Guía para la realización de Consulta Previa con Comunidades Étnicas*, modificada y adicionada por la Directiva Presidencial No. 08 de 2020[21]. Esta guía debe utilizarse como una herramienta de coordinación interinstitucional, para el logro de la eficiencia administrativa y las prácticas de buen gobierno en los procesos de consulta previa a las comunida-

---

20 COLOMBIA. PRESIDENCIA DE LA REPÚBLICA. Directiva Presidencial No. 10. (7 de noviembre de 2013). Guía para la realización de Consulta Previa con Comunidades Étnicas. En: Diario Oficial. 2013, no. 48967. [Consultado el 25 de julio de 2022]. Disponible en: https://pruebaw.mininterior.gov.co/sites/default/files/12_directiva_presidencial_ndeg_10_del_07_de_noviembre_2013_4.pdf

21 COLOMBIA. PRESIDENCIA DE LA REPÚBLICA. Directiva Presidencial No. 08. (9 de septiembre de 2020). Guía para la realización de Consulta Previa con Comunidades Étnicas. En: Diario Oficial. 2020, no. 51.432. [Consultado el 25 de julio de 2022]. Disponible en: https://estudiojuridicomym.com/wp-content/uploads/DIRECTIVA-PRESIDENCIAL-No-08-DEL-9-DE-SEPTIEMBRE-DE-2020.pdf

des étnicas, así como para el desarrollo de proyectos, obras o actividades que puedan impactar la integridad de las mismas[22].

El procedimiento de consulta previa se adelanta siguiendo las etapas enunciadas a continuación: i) Determinación de procedencia de la consulta previa[23]; ii) Coordinación y preparación; iii) Preconsulta; iv) Consulta y v) Seguimiento de acuerdos. Conviene precisar que la Dirección de la Autoridad Nacional de Consulta Previa del Ministerio del Interior –DANCP–, es la principal responsable del desarrollo de los procesos de consulta previa, los cuales deberán sujetarse a las directrices impartidas en las guías mencionadas.

Para efectos de la presente investigación, interesa el desarrollo de las fases de *preconsulta* y *consulta*; pues en ellas se evidencia la participación de actores distintos a las autoridades administrativas involucradas en el citado procedimiento.

En la *preconsulta* deberá realizarse un diálogo previo con los representantes de las comunidades étnicas involucradas, con el propósito de definir la ruta metodológica de la consulta previa y los términos en que se desarrollará el proceso. De acuerdo con lo señalado en la guía para la realización del procedimiento, en esta etapa se agotarán los siguientes puntos:

1. Convocatoria de reunión a los representantes de las comunidades étnicas, al ejecutor del proyecto, obra o actividad (POA), a la Procuraduría General de la Nación y la Defensoría del Pueblo.
2. Presentación del marco jurídico de la consulta previa a las comunidades étnicas involucradas; especificando en qué consiste la consulta, sus fundamentos normativos y cuáles son los derechos y obligaciones que implica en Colombia.
3. Presentación del POA por parte del ejecutor hacia los representantes de las comunidades étnicas.

---

22 COLOMBIA. PRESIDENCIA DE LA REPÚBLICA. Directiva Presidencial No. 10 de 2013. Op. Cit., p. 1.

23 Esta etapa se adoptó a partir de la Directiva Presidencial No. 08 de 2020, sustituyendo la antigua etapa de *certificación*.

4. La Dirección de Consulta Previa –DCP– deberá garantizar el espacio para que las comunidades expresen sus inquietudes frente a la información proporcionada.
5. La DCP garantizará que el ejecutor del POA tenga la oportunidad de responder las preguntas y observaciones esbozados por las comunidades étnicas.
6. Construcción de la ruta metodológica de la consulta previa, especificando los lugares y fechas en que se efectuarán las reuniones pertinentes, el tiempo de duración de la consulta y demás aspectos logísticos.

Por su parte, el objeto de la etapa de *consulta* es precisamente: "la realización de un diálogo entre el Estado, el ejecutor y las comunidades étnicas, para que la Dirección de Consulta Previa asegure el cumplimiento del deber de garantizar su participación real, oportuna y efectiva sobre la toma de decisiones de POAs que puedan afectar directamente a las comunidades, con el fin de proteger su integridad étnica y cultural"[24].

De esta fase cabe destacar la importancia de *las reuniones de análisis e identificación de impactos y formulación de medidas de manejo.* Tales medidas no podrán ser arbitrarias, deberán guardar relación y proporción con las potenciales afectaciones que cause el proyecto, obra o actividad, tomarán en cuenta la posición manifestada por la comunidad étnica y se establecerán con miras a prevenir, corregir, mitigar o compensar los eventuales impactos.

Luego se deberán llevar a cabo las *reuniones para la formulación de acuerdos,* período en el cual será indispensable determinar si el proyecto requiere o no la obtención del consentimiento previo, libre e informado de la respectiva comunidad étnica. De acuerdo con lo señalado por la Corte Constitucional, por tratarse de una afectación intensa al pueblo indígena o tribal, será necesario su consentimiento: i) cuando la intervención implique el traslado o desplazamiento del pueblo indígena de su lugar de asentamiento; ii) cuando la intervención esté relacionada con el almacenamiento o vertimiento de desechos tóxicos en las tierras étnicas, y iii) cuando la intervención

---

24 COLOMBIA. PRESIDENCIA DE LA REPÚBLICA. Directiva Presidencial No. 10 de 2013. Op. Cit., p. 19.

represente un alto impacto social, cultural y ambiental en una comunidad étnica, que ponga en riesgo la existencia de la misma[25].

En los eventos señalados anteriormente, es decir, cuando se requiere el consentimiento previo, libre e informado de la comunidad étnica, las entidades competentes en la materia tienen la responsabilidad de explorar la adopción de alternativas de intervención menos nocivas para la comunidad. En caso de no ser posible, considerando que todas las alternativas resultarían perjudiciales para la subsistencia del respectivo grupo, prevalecerá la protección de los derechos de las comunidades étnicas, por lo que se deberá evaluar la reformulación del proyecto[26].

Por el contrario, si a partir de la realización de la consulta previa se logran verdaderos acuerdos, estos deberán protocolizarse a través de un acta de acuerdos. Además, cuando el proyecto, obra o actividad de que se trate, requiera la expedición de una licencia ambiental, la Dirección de Consulta Previa informará a la autoridad ambiental competente para que se efectúe el trámite respectivo.

Posteriormente, se elegirá un grupo de *seguimiento de los acuerdos*, con el propósito de asegurar que lo protocolizado por las partes en la consulta previa sea efectivamente realizado en los plazos convenidos con las comunidades étnicas[27]. Una vez verificado el cumplimiento del cien por ciento (100 %) de los acuerdos, se convocará una reunión de cierre del proceso de consulta previa.

Visto lo anterior, el procedimiento administrativo por el cual se desarrolla una consulta previa en Colombia está provisto de diversas etapas que implican, e inclusive, hacen obligatoria la participación de la comunidad étnica en la construcción de las decisiones administrativas necesarias para la ejecución de un proyecto, obra o actividad que afecte o pueda afectar la integridad social, económica, ambiental o política de un de-

---

25 COLOMBIA. CORTE CONSTITUCIONAL. Sentencia SU-123/18. (15, noviembre, 2018). M.P.: Rodrigo Uprimny Yepes. Disponible en: https://www.corteconstitucional.gov.co/relatoria/2018/SU123-18.htm

26 COLOMBIA. PRESIDENCIA DE LA REPÚBLICA. Directiva Presidencial No. 10 de 2013. Op. Cit., p. 23.

27 Ibíd., p. 25.

terminado pueblo indígena o tribal; todo ello en atención al carácter de sujetos de especial protección constitucional de que gozan los mismos.

De otra parte, resulta necesario hacer alusión al carácter vinculante de los acuerdos logrados en procesos de consulta previa, asunto sobre el cual se pronunció la Sala de Consulta y Servicio Civil del Consejo de Estado, así:

> En la medida en que la búsqueda real y efectiva de consensos constituye un fin consustancial de los procesos de consulta previa, los acuerdos logrados con las comunidades étnicas quedan integrados al núcleo fuerte de ese derecho fundamental y resultan por sí mismos obligatorios, con independencia de la denominación o categoría jurídica que se les pueda asignar a las actas o documentos en los cuales se deja constancia de los mismos. Sobre este deber de cumplimiento de lo pactado, la Corte Constitucional señaló lo siguiente en Sentencia T-172 de 2013, reiterada en Sentencia T-005 de 2016: "Será deber de la contraparte, sea de naturaleza pública o privada, facilitar la identificación plena de la afectación o perjuicios, rendir informes consistentes y verídicos sobre los alcances de la obra, proyecto o labor y cumplir cabalmente con los compromisos que se hayan pactado con las comunidades. La falta a cualquiera de esas obligaciones constituirá una vulneración del derecho a la consulta previa y dará paso a que se proceda legítimamente a la suspensión o terminación –si es del caso– de los trabajos." Por lo anterior, la Corte Constitucional ha señalado también que las comunidades étnicas tienen derecho a acudir a la acción de tutela para exigir el cumplimiento de los acuerdos logrados en los procesos de consulta previa[28].

De lo anterior, conviene enfatizar en la obligatoriedad del cumplimiento de los compromisos pactados con las comunidades étnicas, los cuales constituyen un deber para las autoridades administrativas y para el ejecutor del correspondiente POA, y al mismo tiempo, representa un derecho para el respectivo grupo. Así las cosas, el proceso de consulta previa solo culmina cuando se verifica el cumplimiento de la totalidad de los acuerdos.

Para efectos de la presente investigación, adquiere especial importancia lo señalado por la citada corporación, respecto de la *denominación* o *categoría jurídica* que pudiera otorgársele a los acuerdos logrados con las comunidades étnicas en los procesos de consulta previa. Esto último se encuentra estrechamente relacionado con la

---

[28] COLOMBIA. CONSEJO DE ESTADO. Sala de Consulta y Servicio Civil. Rad. No. 2290. (30, agosto, 2016). C.P.: Álvaro Namén Vargas. Disponible en: https://www.consejodeestado.gov.co/documentos/boletines/PDF/11001-03-06-000-2016-00057-00(2290).pdf

idea según, la cual, el procedimiento de consulta previa no se adelanta conforme los criterios clásicos del derecho común. Puntualmente, resulta necesario destacar lo siguiente:

> El derecho a la consulta previa no se desarrolla con base en criterios tradicionales del derecho común (como la noción de contrato, partes, personería jurídica, prerrogativas públicas unilaterales, etc.), sino a partir del reconocimiento de la diversidad cultural, la autonomía de las comunidades étnicas y el derecho fundamental de estas a adoptar decisiones conforme a sus propias reglas jurídicas, usos y costumbres. Principios como los de sujeción a un procedimiento adecuado, flexibilidad, enfoque diferencial y adecuación cultural nuevamente ponen de presente (i) que cada proceso de consulta previa es diferente (por lo mismo, los posibles acuerdos y sus formas); (ii) que la actuación de las comunidades étnicas debe entenderse en el contexto de sus tradiciones, usos y costumbres; y (iii) que, por lo mismo, sería discutible, desde el punto de vista constitucional, hacer una transposición directa de las categorías jurídicas propias del derecho común a la consulta previa.
>
> Por tanto, nociones del derecho administrativo o contractual aplicadas a las comunidades étnicas y a sus formas de actuación, como, por ejemplo, las de *autoridad pública, capacidad jurídica, personería jurídica o representación legal,* entre otras, pueden resultar insuficientes, e incluso inadecuadas, al intentar establecer la calidad y condiciones en que dichas colectividades concurren a la consulta previa, así como la naturaleza jurídica de las actas de protocolización de acuerdos[29].

Así pues, resulta evidente la insuficiencia o inadecuación de las nociones clásicas del derecho administrativo frente al procedimiento por el cual se desarrolla la consulta previa en Colombia. En ese sentido, la Sala de Consulta y Servicio Civil del Consejo de Estado reconoce la existencia de relaciones jurídicas más horizontales, que se adelantan en el contexto de la Administración Pública contemporánea, caracterizada por ser *colaborativa* y *dialógica*, lo cual implica que sus formas tradicionales de actuación se adecúen o maticen de cara a las nuevas realidades sociales que debe atender.

En este contexto, adquiere suma importancia el principio constitucional de participación y el consenso como una manifestación del carácter democrático de la Constitución Política de 1991, lo cual ha dado lugar a los *actos administrativos consensuales*: "–en estricto sentido, actos administrativos derivados de procedimientos consensuados–, en los cuales, previamente a la adopción de la decisión ad-

---

29 Ibíd.

ministrativa, esto es, al uso de las prerrogativas de la decisión unilateral, deben agotarse espacios de concertación con los destinatarios del acto, so pena de nulidad de la decisión definitiva"[30].

Además, en el citado concepto, el máximo tribunal de lo contencioso administrativo revisó la naturaleza de las *actas de protocolización de acuerdos de consulta previa*, reconociendo que no es necesaria su adecuación dentro de las categorías tradicionales de los actos jurídicos para el reconocimiento de sus efectos y vinculatoriedad dentro del ordenamiento jurídico colombiano, toda vez que: "su fuerza vinculante no deriva del ejercicio de una prerrogativa pública decisoria de quienes participan en los procesos de consulta previa, sino del *acuerdo de voluntades* que surge entre el ejecutor del proyecto y las comunidades étnicas, el cual se ve reforzado por los derechos fundamentales en que se apoya, el respeto debido al acto propio y la buena fe de las partes"[31].

En ese sentido, la Sala de Consulta y Servicio Civil concluyó que: "las actas de protocolización de acuerdos logrados en procesos de consulta previa son actos jurídicos bilaterales de naturaleza especial, los cuales son obligatorios y vinculantes para las partes que las suscriben. Se rigen por las normas convencionales, constitucionales y legales que regulan la consulta previa y su cumplimiento podrá lograrse a través de la acción de tutela o de cualquier otro medio que permita asegurar la eficacia de lo pactado, lo cual deberá analizarse en cada caso concreto"[32].

En definitiva, el procedimiento de consulta previa en Colombia constituye una expresión de del fenómeno de la constitucionalización del derecho administrativo, de la participación de la ciudadanía en los asuntos públicos y del carácter social y democrático del Estado colombiano; presupuestos que, indiscutiblemente, han permitido una transformación de las formas de actuación de la Administración Pública contemporánea y, a su vez, han generado mayor visibilidad e importancia del rol del ciudadano en el proceso de formación de las decisiones que pueden afectarlo.

---

30 Ibíd.

31 Ibíd.

32 Ibíd.

2.2. ACTUACIONES Y PROCEDIMIENTOS ADMINISTRATIVOS INHERENTES AL SECTOR VIVIENDA Y DESARROLLO TERRITORIAL

El uso, desarrollo y definición de la vida comunitaria nacional en el espacio físico constituye un asunto de vital importancia en Colombia; más aún, por tratarse de un asunto que no escapa de la óptica jurídico-constitucional. En una primera aproximación, es dable resaltar que el espacio físico referente a la vivienda encuentra una justificación supra legal en el capítulo segundo titulado *De los derechos sociales, económicos y culturales*, especialmente en el artículo 51 de la Constitución Política de 1991[33], al establecer la vivienda como un derecho colectivo, autónomo y progresivo, cuyo ejercicio, protección, garantía y respeto debe ser real, efectivo, digno, equitativo y de calidad para todos los colombianos.

En línea con lo anterior, y resaltando la relevancia de la vivienda como un derecho para la efectividad de otras garantías como la salud, la educación, los servicios públicos, entre otros, puesto que, expresa la Corte Constitucional: "estos no podrían ser eficaces si el individuo no contara con un lugar de habitación digno y adecuado para desarrollar su proyecto de vida"[34], la Ley 2079 de 2021, entre otras normas jurídicas, reconoció y desarrolló legalmente el tema de la vivienda, elevándola a categoría de política pública del Estado, toda vez que, dice su artículo 4°: "[...] representa el entendimiento de la sociedad sobre la importancia que tiene la vivienda y el hábitat de calidad como motor de superación de la pobreza multidimensional y de dignificación de los colombianos"[35].

---

33 COLOMBIA. ASAMBLEA NACIONAL CONSTITUYENTE. Op. Cit.

34 COLOMBIA. CORTE CONSTITUCIONAL. Sentencia C-191/21. (17, junio, 2021). M.P.: Jorge Fernando Reyes Cuartas. Disponible en: https://www.corteconstitucional.gov.co/Relatoria/2021/C-191-21.htm

35 COLOMBIA. CONGRESO DE LA REPÚBLICA. Ley 2079. (14 de enero de 2021). Por medio de la cual se dictan disposiciones en materia de vivienda y hábitat. En: Diario Oficial. 2021, no. 51.557. [Consultado el 27 de julio de 2022]. Disponible en: http://www.secretariasenado.gov.co/senado/basedoc/ley_2079_2021.html

Dentro de la articulación de la vivienda como política pública, la participación democrática de los miembros de la sociedad civil no pasa desapercibida; por el contrario, es pertinente al momento de salvaguardar los intereses generales y de satisfacer las necesidades colectivas, lo que implica, a su vez, que el carácter de las actuaciones y procedimientos administrativos en este sector, se torne más mancomunado e intersectorial, y menos unilateral y autárquico.

Inclusive, la Corte Constitucional ha manifestado un conjunto de deberes en el sector vivienda, en clave participativa, con miras a la satisfacción y salvaguarda de este importante derecho económico, social y cultural, así:

> (i) garantizar unos contenidos mínimos o esenciales del respectivo derecho a todos sus titulares; (ii) iniciar cuanto antes el proceso encaminado a la completa realización del derecho y, como mínimo, disponer un plan trazado de modo admisible, es decir, que garantice los demás derechos, sea razonable, especifique las circunstancias de tiempo, modo y lugar en las cuales va a desarrollarse e incluya en el grupo de beneficiarios a todos los afectados titulares del derecho; (iii) asegurar la participación de los involucrados en las decisiones; (iv) no discriminar injustificadamente; (v) proteger especialmente a personas en situación de debilidad manifiesta; (vi) no interferir arbitrariamente en el contenido ya garantizado del derecho y (vii) no retroceder de forma injustificada en el nivel de protección alcanzado[36].

Cabe agregar que ese involucramiento ciudadano en las decisiones administrativas inherentes a la vivienda, halla un especial fundamento axiológico en el principio de *equidad*, contenido en el numeral 1° del artículo 5° de la mencionada Ley 2079, que conmina a las entidades públicas a promover las iniciativas participativas (sobre todo de las poblaciones menos favorecidas): "[...] en la adopción de decisiones relacionadas con la política de Estado para hacer efectivo el derecho a la vivienda digna y al hábitat [...]"[37].

Las consideraciones precedentes no son única y exclusivamente aplicables al ámbito urbano, sino también al rural, en el cual el artículo 64 constitucional sustenta, entre otras cosas, el deber estatal de promoción al acceso progresivo de la vivienda de los trabajadores

---

[36] COLOMBIA. CORTE CONSTITUCIONAL. Sentencia SU-016/21. (21, enero, 2021). M.P.: Gloria Stella Ortiz Delgado. Disponible en: https://www.corteconstitucional.gov.co/relatoria/2021/SU016-21.htm

[37] COLOMBIA. CONGRESO DE LA REPÚBLICA. Ley 2079. Op. Cit.

agrarios[38]; un asunto en el que la materialización de la participación ciudadana juega un papel clave, toda vez que constituye un criterio específico a tener en cuenta en la configuración y seguimiento de la política pública estatal en materia de vivienda rural, a fin de examinar adecuada y pertinentemente el espacio físico donde se asentarán las comunidades rurales beneficiadas. Además, los numerales 4° y 5° del artículo 20 de la referenciada Ley 2079 prescriben la necesidad de diálogo social-participativo entre la Administración Pública, las comunidades rurales beneficiadas y el sector privado[39].

También, y sin excluir otros supuestos, cuando se trata de macroproyectos relacionados con la vivienda de interés social nacional y de interés prioritario, esto es, de una actividad, proyecto u obra que implique el uso y aprovechamiento del suelo a gran escala para la provisión de estos tipos específicos de vivienda, la participación democrática está presente. Al respecto, el artículo 19 del Decreto 1310 de 2012 establece, en parte, que: "la participación democrática en los Macroproyectos busca que las personas interesadas en la respectiva operación urbana integral, puedan presentar observaciones y recomendaciones al proyecto de Macroproyectos"[40]. Bien, dentro de las varias etapas del procedimiento administrativo vinculadas con estos macroproyectos, la inserción de iniciativas ciudadanas se resalta de manera particular en una: *la de concertación interadministrativa y consulta ciudadana*, tal y como expresa el artículo 22 del citado Decreto 1310:

> Simultáneamente con los trámites de concertación y consulta a que hace referencia el artículo 20 del presente decreto, la propuesta de Macroproyecto estará disponible durante todo el trámite de formulación en las instalaciones de la alcaldía del respectivo municipio o distrito para que cualquier interesado pueda consultar la información respectiva, para el efecto y en todo caso antes

---

38 COLOMBIA. ASAMBLEA NACIONAL CONSTITUYENTE. Op. Cit.

39 COLOMBIA. CONGRESO DE LA REPÚBLICA DE COLOMBIA. Ley 2079. Op. Cit.

40 COLOMBIA. MINISTERIO DE VIVIENDA, CIUDAD Y TERRITORIO. Decreto 1310. (14 de junio de 2012). Por el cual se reglamenta parcialmente la Ley 1469 de 2011 en lo relacionado con los Macroproyectos de Interés Social Nacional. En: Diario Oficial. 2012, no. 48.462. [Consultado el 16 de julio de 2022]. Disponible en: https://www.funcionpublica.gov.co/eva/gestornormativo/norma.php?i=47948

de presentar el proyecto de acuerdo al concejo municipal, el alcalde convocará una audiencia pública con el objeto de que los interesados presenten y expongan sus observaciones y recomendaciones.

Las recomendaciones y observaciones presentadas por los interesados serán resueltas por el alcalde del municipio, previa la adopción del respectivo proyecto, quien para el efecto podrá consultar al Ministerio de Vivienda, Ciudad y Territorio.

De igual manera, las iniciativas participativas también son visibles en el uso, desarrollo y definición de la vida comunitaria nacional en otros sectores del espacio físico, como bien pueden ser algunos casos relacionados con el ordenamiento territorial, concretamente, y al tenor del artículo 4° de la Ley 388 de 1997: "[...] en la formulación, discusión y ejecución de los planes de ordenamiento y en los procesos de otorgamiento, modificación, suspensión o revocatoria de las licencias urbanísticas [...]"[41].

Esto se refuerza en virtud de lo indicado por el artículo 2.2.2.1.1.3 del Decreto 1077 de 2015, al decir que: "en el proceso de formulación y ejecución del ordenamiento territorial las administraciones municipales, distritales y metropolitanas fomentarán la concertación entre los intereses sociales, económicos y urbanísticos mediante la participación de los ciudadanos y sus organizaciones"[42].

A propósito de todo esto, la Corte Constitucional ha sostenido que:

La función de ordenamiento del territorio comprende una serie de acciones, decisiones y regulaciones, que definen de manera democrática, participativa, racional y planificada, el uso y desarrollo de un determinado espacio físico territorial con arreglo a parámetros y orientaciones de orden demográfico, urbanístico, rural, ecológico, biofísico, sociológico, económico y cultural.

---

41 COLOMBIA. CONGRESO DE LA REPÚBLICA. Ley 338. (18 de julio de 1997). Por la cual se modifica la Ley 9ª de 1989, y la Ley 3ª de 1991 y se dictan otras disposiciones. En: Diario Oficial. 1997, no. 43.091. [Consultado el 27 de julio de 2022]. Disponible en: http://www.secretariasenado.gov.co/senado/basedoc/ley_0388_1997.html

42 COLOMBIA. MINISTERIO DE VIVIENDA, CIUDAD Y TERRITORIO. Decreto 1077. (26 de mayo de 2015). Por medio del cual se expide el Decreto Único Reglamentario del Sector Vivienda, Ciudad y Territorio. En: Diario Oficial. 2015, no. 49.523. [Consultado el 16 de julio de 2022]. Disponible en: https://www.funcionpublica.gov.co/eva/gestornormativo/norma.php?i=77216

> Se trata, ni más ni menos, de definir uno de los aspectos más trascendentales de la vida comunitaria como es su dimensión y proyección espacial. Pocas materias como esta involucra un mayor número de relaciones y articulaciones entre los miembros de la sociedad y su entorno cultural y natural; también, por esta misma razón, son innumerables y delicadas las tensiones que subyacen a su regulación y los extremos que deben ponderarse y resolverse justa y equilibradamente[43].

Ahora bien, y sin desconocer otros sectores de referencia (verbigracia, los macroproyectos de vivienda social nacional y de interés prioritario, entre otros), la inclusión de iniciativas participativas en los planes de ordenamiento territorial y licencias urbanísticas –como se verá a detalle más adelante– brinda la oportunidad de que la ciudadanía pueda lograr relacionarse con la gestión administrativa que se desarrollará en favor de su bienestar colectivo, a su vez que posibilita el reconocimiento más íntimo de determinadas problemáticas y especiales aristas que rodean la labor administrativa; haciendo visible, por un lado, la manera cómo la entidad pública debe proceder; por otro, evaluando su gestión; y, finalmente, aumentando la toma de responsabilidad ciudadana en aquellos proyectos que pueden tener cierta afectación a sus intereses generales.

En ese sentido, y por su relativa importancia, los procedimientos administrativos vinculados con el plan de ordenamiento territorial y las licencias urbanísticas serán objeto de especial tratamiento en este apartado de la presente investigación. De allí que, a continuación, el examen consista en detallar la manera en que la participación ciudadana incide en estas actividades administrativas.

2.2.1. La adopción del plan de ordenamiento territorial

Sea lo primero indicar que, en Colombia, la Ley 388 de 1997, en su artículo 9°, se refiere al plan de ordenamiento territorial (en adelante POT) en los siguientes términos:

> El plan de ordenamiento territorial que los municipios y distritos deberán adoptar en aplicación de la presente Ley, al cual se refiere el artículo 41 de la Ley 152 de 1994, es el instrumento básico para desarrollar el proceso de

---

43 COLOMBIA. CORTE CONSTITUCIONAL. Sentencia C-795/00. (29, junio, 2000). M.P.: Eduardo Cifuentes Muñoz. Disponible en: https://www.corteconstitucional.gov.co/relatoria/2000/C-795-00.htm

ordenamiento del territorio municipal. Se define como el conjunto de objetivos, directrices, políticas, estrategias, metas, programas, actuaciones y normas adoptadas para orientar y administrar el desarrollo físico del territorio y la utilización del suelo.

Los planes de ordenamiento del territorio se denominarán:

a) Planes de ordenamiento territorial: elaborados y adoptados por las autoridades de los distritos y municipios con población superior a los 100.000 habitantes;

b) Planes básicos de ordenamiento territorial: elaborados y adoptados por las autoridades de los municipios con población entre 30.000 y 100.000 habitantes;

c) Esquemas de ordenamiento territorial: elaborados y adoptados por las autoridades de los municipios con población inferior a los 30.000 habitantes.

PARÁGRAFO. Cuando la presente Ley se refiera a planes de ordenamiento territorial se entenderá que comprende todos los tipos de planes previstos en el presente artículo, salvo cuando se haga su señalamiento específico como el plan señalado en el literal a) del presente artículo[44].

De conformidad con la disposición previa, la Corte Constitucional ha definido el POT, a mediano y largo plazo, como: "[...] un modelo de organización y racionalización del territorio municipal o distrital, según el caso, señalando las actividades que debe cumplir la respectiva entidad territorial con miras a distribuir y utilizar de manera ordenada y coordinada el área del municipio o distrito"[45].

Así las cosas, el POT constituye una herramienta guía u orientadora, que permite la cooperación de manera esquematizada en la visualización y erradicación de desaciertos en la estructura y el funcionamiento del territorio, sirviendo como un manual indicativo y señalando cada una de las perspectivas futuras a tener en cuenta en lo concerniente al ordenamiento territorial. De ahí que, su existencia sea indispensable, como bien dice la Corte Constitucional: "[...] para una adecuada organización del municipio y para la ejecución de obras indispensables con miras al desarrollo social y comunitario, de donde se desprende que la falta de plan viene a impedir el

---

44 COLOMBIA. CONGRESO DE LA REPÚBLICA. Ley 338. Op. Cit.

45 COLOMBIA. CORTE CONSTITUCIONAL. Sentencia C-051/01. (24, enero, 2001). M.P.: José Gregorio Hernández Galindo. Disponible en: https://www.corteconstitucional.gov.co/relatoria/2001/C-051-01.htm

progreso y el crecimiento organizado y planificado del municipio o distrito, llegando a paralizar la realización de muchos proyectos que se requieren en distintos campos"[46].

Ahora bien, en la configuración del POT es indudable el papel que juega –o debe jugar– la participación ciudadana. De los tres componentes (general, urbano y rural) que deben contemplarse en el POT, conforme lo dispuesto por el artículo 11 de la Ley 388 de 1997, lo cierto es que la participación ciudadana ocupa un lugar destacado en los componentes *urbano* y *rural*, hasta tal punto que el artículo 22 de la mentada norma jurídica establece unas directrices básicas de carácter procedimental para garantizar este derecho, así:

> Para efectos de organizar la participación comunal en la definición del contenido urbano del plan de ordenamiento, las autoridades municipales o distritales podrán delimitar en el área comprendida dentro del perímetro urbano, los barrios o agrupamientos de barrios residenciales usualmente reconocidos por sus habitantes como referentes de su localización en la ciudad y que definen su pertenencia inmediata a un ámbito local o vecinal. Lo pertinente regirá para la participación comunitaria en la definición del contenido rural, caso en el cual la división territorial se referirá a veredas o agrupaciones de veredas.
>
> En el curso de la formulación y concertación de los planes de ordenamiento territorial, las organizaciones cívicas debidamente reconocidas de dichos agrupamientos de barrios o veredas, a través de mecanismos democráticos que aseguren la representatividad de los elegidos, podrán designar representantes para que transmitan y pongan a consideración sus propuestas sobre los componentes urbano y rural del plan.
>
> Una vez surtido el proceso de adopción o revisión del plan, estas mismas organizaciones cívicas mantendrán su participación en el ordenamiento del territorio en los siguientes eventos:
>
> 1. Para proponer, en los casos excepcionales que consideren las normas urbanísticas generales, la asignación específica de usos y aprovechamientos del suelo en micro zonas de escala vecinal, esto es, en los casos donde el efecto se limite exclusivamente a sus respectivos territorios y no contraríen las normas estructurales. En las zonas exclusivamente residenciales estas propuestas podrán referirse a normas de paisajismo, regulaciones al tránsito vehicular y demás previsiones tendientes al mantenimiento de la tranquilidad de la zona, siempre y cuando no se afecte el uso del espacio público, de acuerdo con las normas generales.

46 Ibíd.

2. Para formular y proponer planes parciales para actuaciones urbanísticas dentro de su área, de acuerdo con las previsiones y autorizaciones del componente urbano del plan.

3. Para ejercer acciones de veeduría ciudadana que garanticen el cumplimiento o impidan la violación de las normas establecidas, a través de procedimientos acordes con las políticas locales de descentralización.

La anterior disposición jurídica no hace otra cosa que materializar el fundamento dogmático de la participación ciudadana contenido en el artículo 4° de la citada Ley 388, el cual orienta no solo la construcción del POT, sino también la de los procesos urbanísticos en general. Reza el artículo 4° lo siguiente:

> En ejercicio de las diferentes actividades que conforman la acción urbanística, las administraciones municipales, distritales y metropolitanas deberán fomentar la concertación entre los intereses sociales, económicos y urbanísticos, mediante la participación de los pobladores y sus organizaciones.
>
> Esta concertación tendrá por objeto asegurar la eficacia de las políticas públicas respecto de las necesidades y aspiraciones de los diversos sectores de la vida económica y social relacionados con el ordenamiento del territorio municipal, teniendo en cuenta los principios señalados en el artículo 2° de la presente ley.
>
> La participación ciudadana podrá desarrollarse mediante el derecho de petición, la celebración de audiencias públicas, el ejercicio de la acción de cumplimiento, la intervención en la formulación, discusión y ejecución de los planes de ordenamiento y en los procesos de otorgamiento, modificación, suspensión o revocatoria de las licencias urbanísticas, en los términos establecidos en la ley y sus reglamentos[47].

Al respecto, el legislador adicionó un parágrafo al artículo precedente, a través del artículo 53 de la Ley 2079 de 2021, en el cual exhorta al Gobierno Nacional a la reglamentación de: "[...] los mecanismos que permitan garantizar la participación democrática en la formulación de los planes de ordenamiento territorial"[48].

Así pues, tanto el artículo 4° de la mentada Ley 338 como el parágrafo adicionado por el artículo 53 de la referenciada Ley 2079, exponen la indispensable necesidad de inclusión de participación ciudadana en las actuaciones y procedimientos administrativos de

---

47 COLOMBIA. CONGRESO DE LA REPÚBLICA. Ley 338. Op. Cit.

48 COLOMBIA. CONGRESO DE LA REPÚBLICA. Ley 2079. Op. Cit.

carácter urbanístico, que permitan su intervención en la configuración o construcción del POT, para así brindar un complemento idóneo y adecuado al desarrollo de tal actividad y lograr el aseguramiento de una interacción más cercana entre la Administración Pública y la ciudadanía.

Inclusive, esa indispensable necesidad de participación ciudadana en lo concerniente al POT es apreciable en el artículo 24 de la ya citada Ley 388[49], en la medida en que establece que el proyecto de POT, antes de presentarse formalmente ante la respectiva corporación pública, debe colmar unas instancias de *concertación y consulta*, bien sea con otras Administraciones Públicas o con actores pertenecientes al sector privado, respectivamente. (Lo que, sin duda alguna, hace rememorar –en principio– aquello que en el subcapítulo tercero del primer capítulo de la presente investigación se conceptualizaba como un modelo de actuación de la Administración Pública entendido en clave de *una nueva forma de gobernanza*). En el primer supuesto, esto es, el de la concertación interadministrativa, se busca la inserción de determinadas autoridades públicas ambientales y metropolitanas, como sería el caso, y dado el cumplimiento de determinadas circunstancias, de la Corporación Autónoma Regional, el Ministerio de Ambiente y Desarrollo Sostenible, la Junta Metropolitana de municipios, entre otras; con lo cual, el proyecto es sometido a una valoración por parte de entidades oficiales. En el segundo supuesto, esto es, el de la consulta al sector privado, se persigue la incursión colectiva de particulares (gremios económicos, ecológicos, profesionales, técnicos), a través de audiencias públicas; con lo cual, el proyecto puede consolidarse en términos de legitimación político-democrática *a posteriori*.

Igual suerte corren las actuaciones y procedimientos administrativos relacionados con la formulación y proposición de planes parciales, los cuales son instrumentos complementarios del POT al tenor del artículo 19 de la referenciada Ley 338[50]. En este escenario, la participación ciudadana es apreciable, tal y como reza el mencionado numeral 2° del artículo 11 y el 27 de la citada norma jurídica.

---

49 COLOMBIA. CONGRESO DE LA REPÚBLICA. Ley 338. Op. Cit.

50 Ibíd.

Precisamente, en la formulación y proposición del plan parcial, la Administración Pública y los particulares, junto con otras entidades públicas (sobre todo del ámbito ambiental), cooperan o colaboran sobre su viabilidad e impacto, de conformidad con lo establecido por el POT. Los resultados de todo el proceso de concertación público-privada son expresados en un *acta*. Luego, en la etapa de revisión, se debe conminar al acceso de la información pública para el fortalecimiento de la deliberación. Una vez surtidas las anteriores etapas, la respectiva autoridad administrativa adoptará el plan parcial, el cual, por un lado, no sufrirá modificación si en dado caso el POT llegase a modificarse, salvo que los particulares afectados por tal decisión administrativa así lo consientan; por otro, no padecerá reajuste siempre y cuando no se cumpla con el procedimiento concreto para tal efecto, lo que implica que esta instancia exige que las cosas se deshagan de la misma manera en que se hacen.

En resumen, el vínculo entre participación ciudadana, por un lado, y los procedimientos administrativos relacionados con el POT, por otro, es palpable. Esto se evidencia en la incidencia normativa que tiene el primero en lo relacionado con lo segundo, hasta el punto en que su inserción encuentra autorización en todas las fases de formación, discusión, ejecución y seguimiento de aquél. De esta manera, la deliberación pública sobre el adecuado y correcto funcionamiento del ordenamiento territorial se nutre, permitiendo una mayor y mejor recepción de las inquietudes sociales por parte de la autoridad administrativa; lo que a su vez también es beneficioso pues posibilita la coherencia entre lo que pretende la Administración Pública y las exigencias de una ciudadanía cada vez más consciente sobre asuntos que le afectan.

2.2.2. La expedición de licencias urbanísticas

Las licencias urbanísticas suelen concebirse como instrumentos administrativos particulares y concretos, emitidos por un curador urbano o una autoridad administrativa determinada a nivel municipal o distrital, como pueden ser las oficinas de planeación (o quien haga sus veces), que autorizan o habilitan, de manera anticipada, el desarrollo adecuado e íntegro de actividades relacionadas con el uso y aprovechamiento del suelo y el espacio público, tales como:

"[...] obras de construcción, ampliación, modificación, adecuación, reforzamiento estructural, restauración, reconstrucción, cerramiento y demolición de edificaciones, y de urbanización, parcelación, loteo o subdivisión de predios localizados en terrenos urbanos, de expansión urbana y rurales [...] ocupación del espacio público con cualquier clase de amueblamiento o para la intervención del mismo, salvo que la ocupación u obra se ejecute en cumplimiento de las funciones de las entidades públicas competentes", al tenor de lo dispuesto en el artículo 35 de la Ley 1769 de 2016, modificatorio del artículo 99 de la Ley 388 de 1997[51].

Así pues, las licencias urbanísticas permiten brindar ciertas garantías colectivas a favor de determinada comunidad sobre el íntegro y efectivo uso, disfrute y goce del suelo y el espacio público; a su vez que posibilitan aminorar los potenciales inconvenientes que pueden surgir entre los diversos actores de la comunidad implicados, bien sean públicos o privados, al momento de ejecutar una actividad, obra o proyecto relacionado con el espacio físico. Así las cosas, las licencias urbanísticas buscan la eliminación de impedimentos que interfieran con el desarrollo adecuado e idóneo del proceso urbanístico, constituyendo así, en palabras del profesor Santofimio Gamboa: "[...] aquel acto administrativo de autorización favorable de la administración con el que se remueven los obstáculos o limitaciones impuestos normativamente para el ejercicio de un derecho vinculado con el urbanismo"[52]. Más aún, facilitan, por un lado, la sujeción o el cumplimiento de una actividad, obra o proyecto urbano con la normatividad vigente en la materia (como bien pueden ser el POT, los planes parciales, normas relacionadas con la protección del medio ambiente, bienes e intereses culturales, entre otros); y por otro, que la actividad, obra o proyecto urbano pueda ser objeto de permanente inspección, supervisión, vigilancia y sanción (en el supuesto de

51 Ibíd.

52 SANTOFIMIO GAMBOA, Jaime. Carácter colectivo de las licencias urbanísticas bajo los presupuestos del Estado social y democrático de derecho. La ruptura del individualismo clásico en el procedimiento y la decisión administrativos de licencia urbanística. *Revista Digital de Derecho Administrativo.* 2009, nro. 2, p. 63.

incumplimiento de lo regulado en la normatividad urbanística) por parte de las autoridades públicas competentes.

En otros términos, sujeción o cumplimiento de la actividad, proyecto u obra urbana a la normatividad urbanística vigente, e inspección, supervisión, vigilancia y sanción de las autoridades administrativas competentes, representan el desenvolvimiento de dos principios (o deberes) cruciales en los asuntos relacionados con el urbanismo, como son el principio-deber de *control* y el de *verificación previa*, los cuales se utilizan como mecanismos preventivos de dificultades que se presenten en el desarrollo del espacio físico, con miras a brindar protección y salvaguarda de los intereses y derechos colectivos[53].

Resulta conveniente agregar que, dependiendo de la actividad urbanística a desarrollar, las licencias a otorgar pueden clasificarse, según lo dispuesto en el artículo 2.2.6.1.1.2 del Decreto 1077 de 2015, de la siguiente manera: a) Licencia de urbanización; b) Licencia de parcelación; c) Licencia de subdivisión; d) Licencia de construcción; e) Licencia de intervención y ocupación del espacio público[54]. Si bien esta tipología diferencia sistemáticamente cada una de las distintas y peculiares modalidades bajo las cuales se puede conceder una licencia urbanística, no es menos cierto que, en la aplicación del procedimiento administrativo común para su expedición, así como para su modificación, suspensión o revocación, el principio de participación ciudadana (entendido, vale anotar, como principio de participación democrática) tiene –o debe tener– cabida, tal y como expresa el artículo 4° de la multicitada Ley 388, así: "la participación ciudadana podrá desarrollarse [...] en los procesos de otorgamiento, modificación, suspensión o revocatoria de las licencias urbanísticas, en los términos establecidos en la ley y sus reglamentos"[55].

En términos generales, y de conformidad con el apartado primero intitulado *Implementación y control del desarrollo territorial*, en el capítulo primero, sección segunda del Decreto 1077 de 2015, el proce-

---

[53] Ibíd., p. 72.

[54] COLOMBIA. MINISTERIO DE VIVIENDA, CIUDAD Y TERRITORIO. Decreto 1077. Op. Cit.

[55] COLOMBIA. CONGRESO DE LA REPÚBLICA. Ley 338. Op. Cit.

dimiento administrativo para tramitar el otorgamiento de licencias urbanísticas es el que a continuación se enuncia:

Primero, se presenta o radica legal y debidamente la respectiva solicitud urbanística ante el curador urbano o, en su defecto, quien a bien fuere el competente (oficinas de planeación o cualquier autoridad administrativa que haga sus veces). En esta etapa, la autoridad administrativa recepciona el conjunto total de documentos generales y particulares exigibles a todas las modalidades urbanísticas objeto de licencia y a la actividad, proyecto u obra urbana en específico, para proceder con su estudio, trámite, expedición o modificación; con lo cual, se da apertura al procedimiento administrativo.

Segundo, salvo excepciones, se continúa con la citación de vecinos (independientemente de la calidad que ostenten *–propietarios, poseedores, tenedores, residentes–*), por parte de la autoridad administrativa competente. En esta etapa, se realiza un llamado a los particulares colindantes del inmueble(s) objeto de la actividad, proyecto u obra urbana a desarrollar, con el propósito de que se involucren como partes dentro de la respectiva actuación a fin de que defiendan sus derechos e intereses, ya que podrían sufrir determinadas afectaciones. El artículo 2.2.6.1.2.2.1 del citado Decreto 1077 indica que: "en la citación se dará a conocer, por lo menos, el número de radicación y fecha, el nombre del solicitante de la licencia, la dirección del inmueble o inmuebles objeto de solicitud, la modalidad de la misma y el uso o usos propuestos conforme a la radicación"[56]. De no ser posible el agotamiento de la etapa de citación de vecinos, la autoridad administrativa competente procederá a efectuar un aviso en medios masivos y amplios de circulación de la comunicación e información, tal y como pueden ser los periódicos o la radio; asunto sobre el cual deberá establecerse constancia en el expediente administrativo.

Tercero, se realiza el estudio de viabilidad de la presente solicitud por parte de la autoridad administrativa competente, junto con las objeciones formuladas, en principio, por los particulares vinculados a la actuación. En esta etapa, se revisará la actividad, proyecto u obra en específico desde la óptica jurídica, urbanística, arquitectónica y

[56] COLOMBIA. MINISTERIO DE VIVIENDA, CIUDAD Y TERRITORIO. Decreto 1077. Op. Cit.

estructural, como indica el artículo 2.2.6.1.2.2.3 del citado Decreto 1077, el cual también incluye: "la revisión del cumplimiento del Reglamento Colombiano de Construcción Sismo Resistente NSR-10 y la norma que lo adicione, modifique o sustituya; los diseños estructurales, estudios geotécnicos y de suelos y diseños de elementos no estructurales, así como el cumplimiento de las normas urbanísticas y de edificación aplicables"[57].

Cuarto, si llegare a darse el caso, se suscribe un acta de observaciones, aclaraciones y correcciones en la que se pretende informar o dar a conocer al solicitante de la actividad, proyecto u obra urbana algún(os) aspecto(s) que debe(n) mejorar(se), actualizar(se) o eliminar(se) para un adecuado e idóneo desarrollo de la labor urbanística; por ejemplo, la recepción por parte de la autoridad administrativa competente de uno o varios documentos indispensables no presentados oportunamente (o, tal vez, requeridos posteriormente a la apertura del expediente) o la supresión de una potencial acción que no esté permitida por el ordenamiento jurídico colombiano.

Quinto, se expide la decisión administrativa contentiva de la resolución de aprobación o negación de la licencia urbanística, dentro de un período máximo de cuarenta y cinco días hábiles, salvo excepciones.

Ahora bien, llama poderosamente la atención la manera cómo se encuentra institucionalizado o materializado el principio de participación ciudadana o democrática en los procedimientos administrativos relacionados con la expedición de las licencias urbanísticas, ante lo cual vale la pena realizar algunas apreciaciones y, en cierto modo, matizaciones con escenarios ya anotados.

Sea lo primero indicar que, la intervención ciudadana en el trámite de la expedición de licencias urbanística se hace patente, en principio, en los curadores urbanos, en la medida en que son particulares que, sin perder tal calidad, ejercen temporalmente funciones públicas, concretamente durante el lapso de cinco años, tendientes a garantizar y verificar el adecuado e idóneo cumplimiento o sujeción de las actividades, proyectos u obras urbanas con la normatividad relacionada con el POT, los planes parciales y aquellas vinculadas con la protección del

---

57 Ibíd.

medio ambiente, bienes e intereses culturales, entre otros, al tenor de lo establecido en el artículo 9° de la Ley 810 de 2003[58], modificatorio del artículo 101 de la multicitada Ley 388[59]. Bajo esta óptica, los curadores urbanos no son servidores públicos en los términos del artículo 123 de la Constitución Política de Colombia, ni mucho menos cuentan con: "[...] un sistema específico carrera administrativa para esta actividad" [60], como bien dijo la Corte Constitucional; por el contrario, su naturaleza jurídica –autorizada o habilitada por el artículo 210 de la Constitución Política de Colombia– es propia de los individuos que "[...] hacen parte de la descentralización por colaboración del Estado"[61], resaltó el Consejo de Estado.

En adición a lo anterior, el máximo tribunal constitucional expresó que: "dentro de los nuevos esquemas del Estado, cada vez es más frecuente que los particulares entren a desarrollar muchas de las tareas que a aquél pertenecen, sin que ello cambie la naturaleza de la entidad particular que las realiza, ni sus empleados adquieran la calidad de servidores públicos"[62]. Por su parte, el máximo tribunal de lo contencioso administrativo, reiterando la postura precedente, manifestó que: "[...] el hecho de que la Constitución Política permita que se asigne a los particulares el ejercicio de funciones públicas y la connatural consecuencia de que esto implique un incremento de los

---

58 COLOMBIA. CONGRESO DE LA REPÚBLICA. Ley 810. (13 de julio de 2003). Por la cual se modifica la Ley 388 de 1997 en materia de sanciones urbanísticas y algunas actuaciones de los curadores urbanos y se dictan otras disposiciones. En: Diario Oficial. 2003, no. 45.220. [Consultado el 1 de agosto de 2022]. Disponible en: http://www.secretariasenado.gov.co/senado/basedoc/ley_0810_2003.html

59 COLOMBIA. CORTE CONSTITUCIONAL. Sentencia T-327/18. (13, agosto, 2018). M.P.: Gloria Stella Ortiz Delgado. Disponible en: https://www.corteconstitucional.gov.co/relatoria/2018/t-327-18.htm

60 Ibíd.

61 COLOMBIA. CONSEJO DE ESTADO. Sala de lo Contencioso Administrativo. Rad. No. 00942. (9, febrero, 2017). C.P.: Sandra Lisset Ibarra Vélez. Disponible en: https://funcionpublica.gov.co/eva/gestornormativo/norma.php?i=81193#00942

62 COLOMBIA. CORTE CONSTITUCIONAL. Sentencia C-1142/00. (30, agosto, 2000). M.P.: José Gregorio Hernández Galindo. Disponible en: https://www.corteconstitucional.gov.co/relatoria/2000/C-1142-00.htm

compromisos que los particulares adquieren con el Estado y con la sociedad, no modifica el estatus de particulares ni los convierte por ese hecho en servidores públicos"[63].

Así las cosas, no resulta descabello sostener que la participación democrática expresada en la figura del curador urbano constituye un tipo de participación *uti cives* (o *uti socius*), concretamente encuadrable en la *participación funcional*; en razón a que el ciudadano, que no renuncia a su calidad de privado, ni se incorpora formalmente a la estructura de la Administración Pública, actúa ejerciendo funciones cooperativas y colaborativas administrativas, en aras de la salvaguarda del ordenamiento jurídico y de los derechos e intereses colectivos.

También, cabe agregar que la participación democrática en el trámite administrativo de las licencias urbanística no solamente se presenta en la etapa de *citación de vecinos* a través de la formulación de objeciones, aclaraciones o modificaciones, ni mucho menos se circunscribe de manera restrictiva a las personas que colindan con el espacio físico objeto de la actividad, proyecto u obra urbana, sino que, por el contrario, la inserción de iniciativas ciudadanas se amplía a todas las etapas del respectivo trámite, desde el momento en que se radica legal y debidamente la solicitud urbanística ante el curador urbano o, en su defecto, quien a bien fuere el competente (oficinas de planeación o cualquier autoridad administrativa que haga sus veces) hasta antes que se expide la decisión administrativa contentiva de la resolución de aprobación o negación de la licencia urbanística; a su vez, la inserción de iniciativas ciudadanas se expande a terceros que, si bien pueden no ser vecinos colindantes de la actividad, proyecto u obra urbana, pueden tener algún interés en el procedimiento urbanístico, de conformidad con el artículo 2.2.6.1.2.2.2 del referenciado Decreto 1077[64]; el cual, además, en su parágrafo prescribe que:

> La solicitud de constitución en parte deberán presentarse por escrito, bien sea de manera presencial o a través de medios electrónicos, y deberá contener las objeciones y observaciones sobre la expedición de la licencia, acreditando la condición de tercero individual y directamente interesado y presentar las

---

63 COLOMBIA. CONSEJO DE ESTADO. Sala de lo Contencioso Administrativo. Rad. No. 00942. Op. Cit.

64 COLOMBIA. MINISTERIO DE VIVIENDA, CIUDAD Y TERRITORIO. Decreto 1077. Op. Cit.

> pruebas que pretenda hacer valer y deberán fundamentarse únicamente en la aplicación de las normas jurídicas, urbanísticas, de edificabilidad o estructurales referentes a la solicitud, so pena de la responsabilidad extracontractual en la que podría incurrir por los perjuicios que ocasione con su conducta. Dichas observaciones se resolverán en el acto que decida sobre la solicitud.

Tan importante es la participación ciudadana en los asuntos relacionados con licencias urbanísticas que en ninguna de las etapas que conforman el procedimiento administrativo para su expedición (radicación de solicitud, citación de vecinos, estudio de viabilidad de la solicitud, suscripción de acta de observaciones, aclaraciones y correcciones, emisión de la decisión administrativa) debe ser desconocida o, en el peor de los escenarios, negada. Así lo contempla el artículo 20 del Decreto 1783 de 2021, modificatorio, entre otras cosas, del parágrafo segundo del artículo 2.2.6.1.2.3.1. del Decreto 1077 de 2015[65]: "con el fin de garantizar la publicidad y la participación de quienes puedan verse afectados con la decisión, en ningún caso se podrá expedir el acto administrativo mediante el cual se niegue o conceda la licencia sin que previamente se haya dado estricto cumplimiento a la obligación de citación a vecinos colindantes y demás terceros en los términos previstos por los artículos 2.2.6.1.2.2.1 y 2.2.6.1.2.2.2 del presente decreto" [66].

Por añadidura, no puede pasarse por alto la participación interadministrativa en la expedición de licencias urbanísticas, la cual es entendida, en parte, en clave de *una nueva forma de gobernanza* en los procedimientos administrativos, y que, en lo pertinente con las licencias urbanísticas, se concreta en la solicitud adicional de información de los curadores urbanos o, en su defecto, quien fuere el competente (oficinas de planeación o cualquier autoridad adminis-

---

65 COLOMBIA. MINISTERIO DE VIVIENDA, CIUDAD Y TERRITORIO. Decreto 1077. Op. Cit.

66 COLOMBIA. MINISTERIO DE VIVIENDA, CIUDAD Y TERRITORIO. Decreto 1783. (20 de diciembre de 2021). Por el cual se modifica parcialmente el Decreto 1077 de 2015 Único Reglamentario del Sector Vivienda, Ciudad y Territorio, en lo relacionado con el estudio trámite y expedición de las licencias urbanísticas y se dictas otras disposiciones. En: Diario Oficial. 2021, no. 51.894. [Consultado el 03 de agosto de 2022]. Disponible en:_https://www.funcionpublica.gov.co/eva/gestornormativo/norma.php?i=77216

trativa que haga sus veces) hacia otras autoridades administrativas, según lo dispuesto en el artículo 2.2.6.1.2.2.5 del multicitado Decreto 1077[67]. Al respecto, un matiz a tener en cuenta es el siguiente: a diferencia del otorgamiento del POT y los planes parciales, en los cuales el principio de participación democrática interadministrativa es de carácter imperativo (y en cierto modo, *fuerte*), pues exige el cumplimiento obligatorio de tal intervención para el debido agotamiento de la *etapa de concertación*, no es menos cierto que en la expedición de las licencias urbanísticas, el carácter de tal participación es de naturaleza potestativo (y en cierto modo, *débil*).

Así las cosas, el carácter participativo y democrático de la inserción de iniciativas ciudadanas en el trámite administrativo para la expedición de licencias urbanísticas no refleja otra cosa que la incursión e involucramiento de la comunidad en el tratamiento de derechos e intereses colectivos tan relevantes como lo son el uso y aprovechamiento del suelo y el espacio público. Como nadie ignora, la participación democrática de la ciudadanía en el procedimiento de configuración de la licencia urbanística permite un desarrollo idóneo y adecuado de la actividad, proyecto u obra urbana a desarrollar, en la medida en que posibilita dirimir las potenciales controversias entre el encargado de su ejecución y la comunidad en general, así como brindar una mejor adecuación o conciliación de los intereses colectivos de las partes interesadas.

La actividad, proyecto u obra urbanística, que constituye un *factor indispensable para la garantía de la calidad de vida de las personas*, no se agota exclusivamente en la persona que ejecuta tal actividad, proyecto u obra relacionada con el espacio físico, sino que comparte razón de ser con el conjunto de personas (vecinos colindantes y terceros interesadas) que hacen uso, goce, disfrute y aprovechamiento de la misma, ante lo cual la participación es un elemento ineludible para el cumplimiento de tal propósito[68].

---

67 Ibíd.

68 SANTOFIMIO GAMBOA, Jaime. Op. Cit., p. 67.

3. *Transformación del modelo de actuación de la Administración Pública en Colombia como consecuencia de la creciente participación ciudadana en asuntos públicos*

El presente capítulo pretende, por un lado, identificar y explicar algunos rasgos participativos comunes en los procedimientos administrativos especiales estudiados en el capítulo precedente de esta investigación; por otro, desarrollar el concepto de *actividad administrativa consensuada* como elemento clave en la transformación del modelo de actuación de la Administración Pública en Colombia, de cara al derecho administrativo contemporáneo.

3.1. RASGOS PARTICIPATIVOS COMUNES EN LOS PROCEDIMIENTOS ADMINISTRATIVOS EXAMINADOS

En el capítulo segundo fueron examinadas las particularidades legales de los procedimientos administrativos pertenecientes a los dos sectores de referencia seleccionados en la presente investigación, esto es, por un lado, *el otorgamiento de licencias ambientales* y *la celebración de consultas previas a las comunidades étnicas*, escenarios relacionados con *la protección del medio ambiente y desarrollo sostenible*; y por otro lado, *la adopción del plan de ordenamiento territorial* y *la expedición de licencias urbanísticas*, correspondientes al *sector vivienda y desarrollo territorial*. El propósito de todo ello consistió en visibilizar la incidencia de las instancias participativas al interior de tales procedimientos administrativos especiales en el ordenamiento jurídico colombiano. Ahora bien, en el presente capítulo corresponde reflexionar sobre los elementos o rasgos participativos comunes a los cuatro escenarios estudiados previamente.

Al respecto, se identifican tres rasgos comunes en clave participativa: *a) la garantía de publicidad; b) la búsqueda de protección de derechos colectivos e intereses generales; c) la flexibilización del férreo carácter unilateral en las decisiones administrativas.* Ya delimitados, se procede a su explicación.

3.1.1. La garantía de publicidad

El primer rasgo común refleja inequívocamente el amplio reconocimiento y protección que el ordenamiento jurídico colombiano le otorga al derecho de los ciudadanos de acceder a la información pública –en particular, la de carácter técnica– en todas las etapas o fases de los procedimientos administrativos especiales examinados en la presente investigación. En los escenarios de *otorgamiento de licencias ambientales* y *celebración de consultas previas a las comunidades étnicas*, la garantía de publicidad está consagrada en el principio 10° de la Declaración de Río sobre el Medio Ambiente y el Desarrollo[1], en los artículos 5° del Acuerdo de Escazú[2] y 2.2.2.3.3.3 del Decreto

---

1 "[…]. En el plano nacional, toda persona deberá tener acceso adecuado a la información sobre el medio ambiente de que dispongan las autoridades públicas, incluida la información sobre los materiales y las actividades que encierran peligro en sus comunidades, así como la oportunidad de participar en los procesos de adopción de decisiones. […]". BRASIL. CONFERENCIA DE LAS NACIONES UNIDAS SOBRE EL MEDIO AMBIENTE Y EL DESARROLLO. Op. Cit.

2 COSTA RICA. COMISIÓN ECONÓMICA PARA AMÉRICA LATINA Y EL CARIBE. Acuerdo Regional sobre el Acceso a la Información, la Participación Pública y el Acceso a la Justicia en Asuntos Ambientales en América Latina y el Caribe. (22 de abril de 2021). [Consultado el 26 de diciembre de 2022]. Disponible en: https://repositorio.cepal.org/bitstream/handle/11362/43595/S2200798_es.pdf

1076 de 2015[3], y en la Directiva Presidencial No. 10 de 2013[4]. Por su parte, en los escenarios de *adopción del plan de ordenamiento territorial* y *expedición de licencias urbanísticas*, la garantía de publicidad encuentra fundamento normativo en los artículos 24 de Ley 388 de 1997[5], 27 numeral 4° de la homónima ley[6] y 2.2.2.1.2.2.2 parágrafo 3° del Decreto 1077 de 2015[7].

Lo anterior en razón de que, en el Estado social y democrático de derecho colombiano, la publicidad (también considerada como principio y deber de la función administrativa al tenor de los artículos 209 de la Constitución Política de 1991[8] y 3° numeral 9° del Código

---

3 "Se deberá informar a las comunidades el alcance del proyecto, con énfasis en los impactos y las medidas de manejo propuestas y valorar e incorporar en el estudio de impacto ambiental, cuando se consideren pertinentes, los aportes recibidos durante este proceso". COLOMBIA. MINISTERIO DE AMBIENTE Y DESARROLLO SOSTENIBLE. Op. Cit.

4 COLOMBIA. PRESIDENCIA DE LA REPÚBLICA. Directiva Presidencial No. 10 de 2013. Op. Cit.

5 "Las administraciones municipales y distritales establecerán los mecanismos de publicidad y difusión del proyecto de plan de ordenamiento territorial que garanticen su conocimiento masivo, de acuerdo con las condiciones y recursos de cada entidad territorial". COLOMBIA. CONGRESO DE LA REPÚBLICA. Ley 388 de 1997. Op. Cit.

6 "Durante el período de revisión del proyecto de plan parcial se surtirá una fase de información pública, convocando a los propietarios y vecinos, para que estos expresen sus recomendaciones y observaciones". COLOMBIA. CONGRESO DE LA REPÚBLICA. Ley 388 de 1997. Op. Cit.

7 "La documentación que conforma el Plan de Ordenamiento Territorial–POT se deberá divulgar a través de la página web que determine la oficina de planeación municipal o distrital a efectos de garantizar la consulta y participación ciudadana. En todo caso esta información deberá estar disponible en medio físico para consulta ciudadana en la oficina de planeación". COLOMBIA. MINISTERIO DE VIVIENDA, CIUDAD Y TERRITORIO. Decreto 1077. Op. Cit.

8 "La función administrativa está al servicio de los intereses generales y se desarrolla con fundamento en los principios de igualdad, moralidad, eficacia, economía, celeridad, imparcialidad y publicidad, mediante la descentralización, la delegación y la desconcentración de funciones". COLOMBIA. ASAMBLEA NACIONAL CONSTITUYENTE. Op. Cit.

de Procedimiento Administrativo y Contencioso Administrativo[9]) contribuye al adecuado e idóneo conocimiento y entendimiento de la ciudadanía en los asuntos de su interés, y a su vez, al mejoramiento de su calidad participativa, pues facilita la cooperación o colaboración con la Administración Pública en las decisiones administrativas que los afectarán.

Sin la efectiva garantía del principio y deber de publicidad, difícilmente la ciudadanía tendría la posibilidad de un adecuado desenvolvimiento participativo en los procedimientos administrativos, ni siquiera podría realizar una idónea evaluación de la decisión que la Administración Pública emita, menos aún, una eficiente aceptación o rechazo de las razones plasmadas en el contenido de la misma. De ahí que sea acertado señalar que la publicidad, al propiciar un flujo de información a favor de la ciudadanía, permite el aumento de su capacidad de aprobación o desaprobación de la gestión administrativa, cuando de la satisfacción de necesidades colectivas y salvaguarda de intereses generales se trate.

Tales consideraciones constituyen el alcance y significado en que debe entenderse la importancia de la garantía de publicidad como rasgo común de los procedimientos administrativos especiales. Bajo esta óptica, no debe resultar extraño que la publicidad en el *otorgamiento de licencias ambientales* sea considerada, a juicio de los profesores Sánchez Zapata y Vergara Mesa, como un presupuesto mínimo para afianzar y verificar el cumplimiento de la participación ciuda-

---

9 "Todas las autoridades deberán interpretar y aplicar las disposiciones que regulan las actuaciones y procedimientos administrativos a la luz de los principios consagrados en la Constitución Política, en la Parte Primera de este Código y en las leyes especiales. [...] 9. En virtud del principio de publicidad, las autoridades darán a conocer al público y a los interesados, en forma sistemática y permanente, sin que medie petición alguna, sus actos, contratos y resoluciones, mediante las comunicaciones, notificaciones y publicaciones que ordene la ley, incluyendo el empleo de tecnologías que permitan difundir de manera masiva tal información de conformidad con lo dispuesto en este Código. Cuando el interesado deba asumir el costo de la publicación, esta no podrá exceder en ningún caso el valor de la misma". COLOMBIA. CONGRESO DE LA REPÚBLICA. Código de Procedimiento Administrativo y de lo Contencioso Administrativo. Op. Cit.

dana[10]; que en *la celebración de consultas previas a las comunidades étnicas,* concretamente en las etapas de Preconsulta y Consulta, implique un deber ineludible de la administración[11] a favor de las comunidades étnicas[12] para que participen adecuadamente en la toma de decisiones que los afectan[13]; que en la *adopción del plan de ordenamiento territorial* sea necesaria para asegurar una correcta consulta democrática en todas las fases del proyecto de POT, incluidas las etapas de seguimiento, evaluación, diagnóstico y control; finalmente, que en la *expedición de licencias urbanísticas,* sea entendida como un aval indispensable para respaldar la intervención de terceros[14].

---

10 "Esta participación se entiende garantizada cuando se cumplen como mínimo las siguientes fases que constituyen, en sí mismas, estándares para verificar su cumplimiento: [...] b) información adecuada sobre la decisión o ejecución del proyecto que incluye el suministro de los datos, documentos, hechos, nociones y mensajes mediante los cuales los ciudadanos construyen su propio criterio [...]". SÁNCHEZ ZAPATA, Diana y VERGARA MESA, Hernán. La incidencia del principio de participación ambiental en la teoría del acto administrativo. Op. Cit., p. 10.

11 "La Dirección de Consulta Previa debe "[..] garantizar la gestión oportuna y transparente de información suficiente". COLOMBIA. PRESIDENCIA DE LA REPÚBLICA. Directiva Presidencial No. 10 de 2013. Op. Cit.

12 "La Dirección de Consulta Previa debe asegurarse de que las comunidades étnicas conozcan todas las implicaciones y aspectos de la propuesta, y que a su vez puedan recibirla, analizarla, difundirla, discutirla y responderla. Por ende, en una reunión en la que también debe estar presente la Dirección de Consulta Previa, el ejecutor expondrá el proyecto de forma didáctica pero clara y completa, y responderá las inquietudes que formulen los representantes de las comunidades". COLOMBIA. PRESIDENCIA DE LA REPÚBLICA. Directiva Presidencial No. 10 de 2013. Op. Cit.

13 "La explicación y la información entregada por el ejecutor del proyecto a las comunidades étnicas deben ser efectuadas de manera adecuada, según la cultura de cada comunidad". COLOMBIA. PRESIDENCIA DE LA REPÚBLICA. Directiva Presidencial No. 10 de 2013. Op. Cit.

14 "Toda persona interesada en formular objeciones a la expedición de una licencia urbanística, podrá hacerse parte en el trámite administrativo desde la fecha de la radicación de la solicitud hasta antes de la expedición del acto administrativo que resuelva la solicitud. Dicho acto sólo podrá ser expedido una vez haya transcurrido un término mínimo de cinco (5) días hábiles, contados a partir del día siguiente a la fecha de la citación a los vecinos colindantes o de la publicación cuando esta fuere necesaria y, en el caso de los demás terceros, a partir del día siguiente a la fecha en que se

Así las cosas, en los procedimientos administrativos especiales estudiados, la manera en que se ha materializado la *garantía de publicidad* es a través del acceso ciudadano a la documentación pública, salvo circunstancias excepcionales en que, por expresa disposición del órgano legislativo, tal documentación esté sujeta a reserva de ley, como bien indica el artículo 74 de la Constitución Política de 1991[15]. ¿En qué se traduce tal acercamiento ciudadano a la documentación pública? Precisamente en la posibilidad de que la ciudadanía tenga a su disposición el conjunto total de documentos, actas, informes, solicitudes, respuestas, encuestas, resoluciones, oficios, pruebas y demás elementos documentales indispensables para la realización de un examen o estudio juicioso dentro del procedimiento administrativo especial, a fin de que, con posterioridad, pueda de manera concertada con la autoridad pública tomar una postura sobre la decisión administrativa que se adoptará.

Conviene agregar que la Administración Pública resulta beneficiada de tal acceso ciudadano a la información, en la medida en que la ciudadanía puede, una vez valorada la documentación pública disponible al respecto, por un lado, sugerir la adición de nueva documentación no aportada por la autoridad, como una manera de complementar la existente; por otro, replicar la existente con nueva documentación no considerada inicialmente, esto último como una forma de replantear el proceder, dirección u orientación de la autoridad administrativa en el tratamiento de intereses generales y derechos colectivos. Un buen ejemplo de lo anterior es la *celebración de audiencias públicas* al interior de procedimientos administrativos relacionados con *el otorgamiento de licencias ambientales*, como puede deducirse del artículo 72 de la Ley 99 de 1993, al respecto: "[...] En la audiencia podrán recibirse las informaciones y pruebas que se consideren conducentes. La decisión administrativa deberá ser motivada, teniendo en cuenta las intervenciones [como pueden ser las del representante de los peticionarios, los interesados, las autoridades competentes, expertos y organizaciones sin ánimo de lucro que hayan registrado con

---

radique la fotografía donde conste la instalación de la valla o aviso de que trata el parágrafo 1 del artículo anterior". COLOMBIA. MINISTERIO DE VIVIENDA, CIUDAD Y TERRITORIO. Decreto 1077. Op. Cit.

15 COLOMBIA. ASAMBLEA NACIONAL CONSTITUYENTE. Op. Cit.

anterioridad escritos pertinentes al debate, y de la misma se levantará un acta] y pruebas recogidas durante la audiencia"[16].

Tanto en el caso en que la ciudadanía sugiera la adición de nueva documentación no aportada por la autoridad, como si replica la existente con nueva documentación no considerada inicialmente; la presentación de documentación por parte de la ciudadanía sirve como insumo para la configuración del contenido de la decisión administrativa definitiva, esto es, para dar respuesta al *qué* de la misma, en lo cual también resulta fortalecida por las intervenciones y los testimonios ciudadanos. Así pues, en los procedimientos administrativos especiales examinados en esta investigación, la garantía de la publicidad también contribuye a la delimitación del contenido de la decisión definitiva, lo cual parece ser una característica que guarda relación de semejanza con aquella propia del procedimiento administrativo general establecido en el Código de Procedimiento Administrativo y de lo Contencioso Administrativo –Ley 1437 de 2011–, que en su artículo 42 dispone: "habiéndose dado oportunidad a los interesados para expresar sus opiniones, y con base en las pruebas e informes disponibles, se tomará la decisión, que será motivada. La decisión resolverá todas las peticiones que hayan sido oportunamente planteadas dentro de la actuación por el peticionario y por los terceros reconocidos"[17].

Sin embargo, que exista similitud de la garantía de publicidad en el *qué* de la decisión al interior de los procedimientos administrativos especiales y el procedimiento general, tal vez por la complementariedad brindada por el segundo hacia los primeros, no significa que tal *característica común* sea idéntica en ambos escenarios, pues se percibe una sutil diferencia que merece ser tenida en cuenta: en los procedimientos administrativos especiales la publicidad tiende a desbordar las meras instancias de audiencia y contradicción propias del procedimiento administrativo general, la cual otorga a la publicidad la calidad de presupuesto básico del debido proceso y tiende a reducirla a una fase o etapa en específico.

---

16 COLOMBIA. CONGRESO DE LA REPÚBLICA. Ley 99. Op. Cit.

17 COLOMBIA. CONGRESO DE LA REPÚBLICA. Código de Procedimiento Administrativo y de lo Contencioso Administrativo. Op. Cit.

Si bien lo anterior es necesario, sobre todo para materializar la vigencia y oponibilidad de la decisión de la Administración Pública, en los procedimientos administrativos especiales examinados la publicidad no se limita a una instancia en específico, sino que exige ser garantizada en todas y cada una de sus fases o etapas. De allí que, una consecuencia natural de reducir o limitar estrictamente la garantía de publicidad como presupuesto de básico del debido proceso es que la participación ciudadana se perciba en términos de intervención *uti singulis*, únicamente como un canal de comunicación para la defensa de los derechos e intereses privados que solo al sujeto particular conciernen, mientras que, bajo el esquema de los procedimientos administrativos especiales, la publicidad comprende la participación ciudadana en términos de intervención *uti cives* (o *uti socius*), como inserción de iniciativas cívicas en la construcción de una decisión con amplias repercusiones para toda la comunidad política.

Así pues, siendo *la garantía de publicidad* el primer rasgo común de los escenarios analizados, y entendida en términos de acceso ciudadano a la información (acercamiento a la documentación pública e insumo para el contenido u objeto de la decisión administrativa), constituye un medio indispensable para la consecución de una finalidad, que no es otra que la inclusión de iniciativas ciudadanas en la gestión pública. Ni los documentos públicos, menos aún, el contenido u objeto de tal decisión, deben ser un secreto para la ciudadanía, en razón de que su ocultamiento o clandestinidad podría conllevar directa o indirectamente a consecuencias desfavorables para los involucrados (más allá de la evidente vulneración de las garantía de defensa, audiencia y contradicción); por el contrario, tanto los unos como la otros se construyen de la mano de la ciudadanía, en forma de cooperación o colaboración entre lo público y lo privado, con el objetivo de alcanzar un mejor tratamiento de los derechos e intereses colectivos.

3.1.2. Derechos colectivos e intereses generales

El segundo rasgo común se refiere al tipo de bienes jurídicos que se protegen en los procedimientos administrativos especiales examinados: *derechos colectivos e intereses generales*; los cuales son susceptibles de afectación, a causa de acciones u omisiones en la materialización de proyectos, obras o actividades por parte del Estado y sus colaboradores.

A diferencia de los derechos individuales e intereses particulares que suelen garantizarse en el procedimiento administrativo general contemplado en el Código de Procedimiento Administrativo y de lo Contencioso Administrativo; la titularidad de los derechos colectivos no recae en un sujeto individualmente considerado, sino en un conjunto determinable e identificable de integrantes de una respetiva comunidad, en la cual ningún miembro puede ser excluido de su goce y disfrute. Frente a estos bienes jurídicos comunitarios (pertenecientes a todas las personas de una colectividad), el Estado tiene la obligación principal de intervenir, asegurando y satisfaciendo su efectiva prestación positiva.

Así pues, desbordando el ámbito de lo meramente individual e interno, los derechos colectivos e intereses generales están caracterizados – además del carácter supraindividual – por tres pilares, que son la *solidaridad* (o *unidad*), la *participación* y la *no exclusión*; aspectos que pueden inferirse sucintamente en los capítulos precedentes de esta investigación. Igualmente, es perfectamente inferible conocer cómo actualmente tales bienes jurídicos encuentran su fuente de origen (reconocimiento) y alcance (límites) en el derecho positivo, hallándose establecidos tanto en el derecho internacional (convenios, tratados, declaraciones, etc) como en el derecho interno de los Estados (constituciones, leyes, decretos, entre otros).

Sobre los derechos colectivos e intereses generales conviene citar lo dispuesto por el Consejo de Estado: "en el marco de las sociedades contemporáneas los derechos e intereses colectivos son sin duda una manifestación de la dimensión social del hombre, de su pertenencia a una comunidad, de su vida como miembro de un grupo, esto es, como parte de la sociedad"[18].

No resulta difícil identificar que en los procedimientos administrativos especiales estudiados, por un lado, en los escenarios de

---

[18] COLOMBIA. CONSEJO DE ESTADO. Sala de lo Contencioso Administrativo. Rad. No. 2005-01330-01. (8, junio, 2011). C.P: Jaime Orlando Santofimio Gamboa. Disponible en: https://www.consejodeestado.gov.co/documentos/boletines/PDF/25000-23-26-000-2005-01330-01(AP).pdf

otorgamiento de licencias ambientales y *celebración de consultas previas a las comunidades étnicas*, los derechos colectivos e intereses generales a salvaguardar se concretan en el medio ambiente sano y el desarrollo sostenible; así como en la protección, preservación y restauración de la diversidad e integridad ambientales, dentro de la cuales, no se puede desconocer el patrimonio o riqueza cultural, social, espiritual y natural de la Nación. Por otra parte, en los escenarios de *adopción del plan de ordenamiento territorial* y *expedición de licencias urbanísticas*, los derechos colectivos e intereses generales a tutelar se determinan en el espacio físico, así como su uso y aprovechamiento, la defensa del desarrollo territorial, el suelo, la vivienda y el hábitat, bien sea rural o urbana.

En tales procedimientos administrativos especiales, la protección y determinación de derechos colectivos e intereses generales se da, no solo en razón a que los citados bienes jurídicos involucran a un determinable e identificable grupo de personas o a la sociedad en su conjunto, sino por el alcance adquirido por el principio constitucional de participación y no exclusión en el ejercicio de la actividad administrativa, el cual ha transitado de una concepción individual-liberal, entendida en términos de intervención *uti singulis*, a una social-interventora comprendida como intervención *uti cives* (o *uti socius*).

Este asunto, sin lugar a dudas, ha implicado la ruptura y superación de la tradicional creencia de que, en la búsqueda de satisfacción y salvaguarda de tales bienes jurídicos colectivos y generales, así como en su definición en cada caso concreto, la Administración Pública deba actuar siempre de manera exclusiva, autónoma y monopolística, sin requerir consentimiento ciudadano diferente y posterior a aquél otorgado previamente por la técnica de la representación popular, a través del voto y las elecciones públicas, y en cumplimiento de la ley.

Precisamente, con el propósito de satisfacer y salvaguardar de los derechos colectivos e intereses generales y definirlos en cada situación específica, la participación ciudadana de la colectividad ha llegado a constituir un límite a la facultad de autotutela de la Administración Pública, esto es, al poder del Estado de tutelar por sí mismo –y sin la ayuda de nadie– tales bienes jurídicos colectivos y generales, en la medida en que la comunidad contribuye en la determinación de los derechos colectivos e intereses generales, así como en la manera en que deben ser protegidos.

La ciudadanía (colectividad) no es ni debe ser relegada a un segundo plano cuando de derechos colectivos e intereses generales se trate; mucho menos puede quedar excluida de los asuntos que la afectan; tampoco puede ser tratada o reducida al estatus de menor de edad y de quien no tiene autonomía para tomar sus propias decisiones, sino que, por el contrario, debe participar junto a la autoridad pública en la satisfacción de necesidades (proteger y definir derechos colectivos e intereses generales), propiciando así un mayor aumento del conocimiento de la Administración Pública sobre lo que demanda la respectiva comunidad.

En línea con lo anterior, los profesores Sánchez Zapata y Vergara Mesa señalan que:

> La rigidez de la autotutela administrativa debe ser reconsiderada en los Estados contemporáneos, si se tiene en cuenta que en la configuración de lo que se entiende como interés general ya no interviene solamente la administración, sino también los particulares, quienes colaboran de manera concurrente en su satisfacción. Por tanto, con la formulación del ESCD [Estado social y constitucional de derecho], la consecución de las finalidades de interés general no es absorbida de manera exclusiva por el Estado, "sino que se armonizan en una acción mutua Estado-sociedad"[19].

Así mismo, estando los derechos colectivos e intereses generales inmiscuidos en el componente causal de la decisión de la Administración Pública, esto es, dentro de los motivos o causas (el *por qué*) que la configuran, una consecuencia lógica de excluir o no surtir las instancias participativas, se concreta en la posibilidad de cuestionar la validez de tal decisión en su componente causal, en razón de que, en el procedimiento administrativo especial por el cual se pretende salvaguardar derechos colectivos e intereses generales la ciudadanía no fue tenida en cuenta; de ahí que, tal configuración sea asumida en coadyuvancia por la Administración Pública y la ciudadanía, dentro de un marco de relaciones no estáticas ni verticales, sino dinámicas y horizontales, donde se propician verdaderos y reales escenarios de diálogo e interacción.

---

19 SÁNCHEZ ZAPATA, Diana y VERGARA MESA, Hernán. La incidencia del principio de participación ambiental en la teoría del acto administrativo. Op. Cit., p. 6.

3.1.3. Flexibilización del férreo carácter unilateral en las decisiones administrativas

Finalmente, el tercer rasgo común identificado en los procedimientos administrativos especiales ya discutidos toma como presupuesto el nuevo relacionamiento de la Administración Pública con la ciudadanía, a partir del cual la autoridad administrativa no puede seguir predicando su autosuficiencia y autarquía en la adopción de decisiones administrativas que pretendan salvaguardar los derechos colectivos y satisfacer los intereses generales de la comunidad política. Si bien es cierto que aún conserva su potestad decisoria en la actuación administrativa, no lo es menos que su ejercicio difiere mucho de lo que señala la teoría clásica o tradicional del derecho administrativo al respecto.

El alcance adquirido por el principio de participación en la contemporancidad es de tal relevancia que, a juicio de ilustres pensadores clásicos, resultaría inimaginable. Y no es para menos, debido a que en aquél entonces no se había contemplado que la inclusión de iniciativas ciudadanas se extendiera más allá de la esfera político-electoral y de la referida participación privada *uti singuilis* en el desenvolvimiento de la actividad administrativa; así como tampoco se había considerado la flexibilización del férreo carácter unilateral de las decisiones de la Administración Pública, entendiéndolo como un atributo necesario y fundamental de la categoría jurídica denominada como acto administrativo.

Así pues, al comprobarse que las teorías clásicas o tradicionales –elaboradas hace varios siglos con arreglo a una realidad social distinta a la de hoy– se han tornado insuficientes e inadecuadas a las problemáticas actuales, conviene precisar que sin la necesaria intervención *uti cives* (o *uti socius*) de los ciudadanos, la Administración Pública no tendría la autoridad suficiente para emitir decisiones administrativas, de tal manera que, en el supuesto de omitir tal requisito, la validez de la respectiva decisión podría ser cuestionada ante la Jurisdicción de lo Contencioso Administrativo.

En ese sentido, la inclusión de iniciativas ciudadanas debe entenderse como un criterio orientativo de validez de la decisión administrativa, lo cual refuerza el planteamiento del despojamiento parcial de la férrea unilateralidad administrativa. Bastan las siguientes consideraciones sobre los elementos que conforman la decisión administrativa para sostener que no solo a falta de alguno podría cuestionarse su validez, sino que tal carácter *unilateral* se torna matizado y flexibilizado al interior de los cuatro escenarios examinados, como se explica a continuación:

En primera medida, al exigirse para la producción de la respectiva decisión administrativa el cumplimiento de etapas o fases participativas, como son, en principio, *la celebración de audiencias públicas en el otorgamiento de las licencias ambientales, el desarrollo de la preconsulta y consulta en el procedimiento de consulta previa a las comunidades étnicas, la consulta al sector privado en la adopción del plan de ordenamiento territorial* y *la citación de vecinos en la expedición de licencias urbanísticas,* se brinda la oportunidad de que la ciudadanía contribuya, coopere o colabore con la Administración Pública en el tratamiento de asuntos de interés general; y siendo los anteriores verdaderos espacios institucionalizados y vinculantes, su no agotamiento afectaría el *cómo* de la decisión, esto es, el componente formal o de trámite de su configuración.

En segunda medida, al posibilitarse la participación de la ciudadanía en la determinación de la salvaguarda de los derechos colectivos y satisfacción de los intereses generales, la finalidad u objetivo de la decisión administrativa, esto es, el componente finalístico que responde al *para qué* de la misma, no resultaría definido de manera solitaria por la Administración Pública, sino, por el contrario, de manera concertada y deliberada con los particulares, con lo cual, de no incluírseles en la delimitación de tales fines podría abrirse camino a la existencia de un vicio invalidante de la respectiva decisión.

En tercera medida, si bien la Administración Pública representa el sujeto competente para emitir la decisión administrativa definitiva y, por ende, para manifestar o expresar finalmente la voluntad púbico-administrativa, ¿es posible sostener que tal voluntad permanece inalterada e invariable o, por el contrario, (re)configurada en razón de la intervención ciudadana en un procedimiento administrativo? ¿resulta adecuado afirmar que, luego de un proceso de colaboración, concertación y diálogo público-privado, tal expresión seguirá siendo la misma que antes de iniciar el procedimiento administrativo? No parece, toda vez que la decisión definitiva de la autoridad administrativa debe, en la mayor medida posible, respetar, reconocer y acoger, las manifestaciones o expresiones de voluntad de los particulares en el trámite de la respectiva actuación; en algunos casos con mayor incidencia vinculante que en otros, por ejemplo, en las *actas de protocolización de acuerdos* que se suscriben como resultado de la celebración de consultas previas a las comunidades étnicas o las *actas* producto de la consulta al sector privado en la adopción del plan de ordenamiento territorial y de planes parciales. Visto así el asunto, no se descarta la posibilidad de invalidez de la decisión si el *quién*, es decir, el componente subjetivo, representado por la Administración Pública, a pesar de emitir la decisión final, no incorpore las manifestaciones efectuadas por la ciudadanía en el trámite del procedimiento administrativo.

Por último, la inclusión de iniciativas participativas también ha irradiado en el *qué* (objeto o contenido) y el *por qué* (causa o motivo) de la decisión administrativa, en razón de las consideraciones esbozadas en el primer rasgo común identificado (la garantía de publicidad) y aquéllas por esbozar en el segundo rasgo común (la búsqueda de la protección de derechos colectivos e intereses generales), respectivamente.

Así pues, el alcance del principio de participación ha supuesto una verdadera actualización o replanteamiento del carácter unilateral anteriormente atribuido a todas las decisiones administrativas, en la medida en que ha permitido una atenuación de la posición de superioridad y poderío exorbitante de la Administración Pública frente a la ciudadanía en la gestión de los asuntos de interés general. La disminución de la férrea unilateralidad administrativa ha implicado que la adopción de decisiones administrativas no pueda seguir realizándose a espaldas de la ciudadanía, menos aún continuar justificándose bajo una exclusiva relación de mando y jerarquía.

La heterogeneidad y especialidad de los dos sectores de referencia examinados, así como sus respectivos escenarios, demuestran que la autotutela administrativa debe ser matizada y revisada; y a su vez, que la posición monopolística de la Administración Pública exige reconfiguración o reconsideración, con lo cual, la inclusión de iniciativas ciudadanas en los procedimientos administrativos constituye un presupuesto *sine qua non* para la transformación de la Administración Pública y del derecho administrativo contemporáneo, concretada en el tránsito de su carácter puramente unilateral hacia nuevas formas decisivas cada vez más negociales y de cercana comunicación, a fin de salvaguardar derechos colectivos y satisfacer intereses generales de la comunidad política.

En síntesis, la convergencia de los tres elementos o características participativas, que guardan relación de semejanza en los dos sectores de referencia examinados –con sus respectivos escenarios–, evidencia un nuevo paradigma contemporáneo representado en un cambio de perspectiva en el modelo de actuación de la Administración Pública, y a su vez, en la evolución e historicidad del derecho administrativo. Este novedoso paradigma, que en la presente investigación se ha decidido denominar como *actividad administrativa consensuada*, ha sido propiciado por el creciente fenómeno de la participación ciudadana, el cual ha revalorado la tradicional relación de mando y obediencia entre la autoridad administrativa y los particulares.

3.2. LA ACTIVIDAD ADMINISTRATIVA CONSENSUADA: UN CONCEPTO PROPIO DEL DERECHO ADMINISTRATIVO CONTEMPORÁNEO

Una consecuencia de los tres rasgos comunes explicados consiste, precisamente, en identificar *la inadecuación e insuficiencia de las categorías jurídicas tradicionales de cara a la nueva realidad social*. En efecto, los actos administrativos clásicos y los contratos estatales, como categorías jurídicas tradicionales del derecho administrativo han resultado inadecuados e insuficientes para explicar satisfactoriamente el creciente fenómeno de la participación ciudadana en los procedimientos administrativos especiales estudiados. Así pues, la actividad de la Administración Pública en tales procedimientos no es completamente *unilateral*, pero que no quepa duda alguna, tampoco es *bilateral*. El creciente fenómeno participativo ha supuesto, frente a lo primero, que la Administración Pública no represente férreamente ese papel de organización autosuficiente y autárquica (como si de *falso dios que todo lo puede* se tratara) en el tratamiento y gestión de asuntos públicos, menos aún, cuando lo que está en juego son derechos colectivos e intereses generales de la comunidad política; y frente a lo segundo, que si bien los particulares cooperan y colaboran en términos de participación *uti cives* (o *uti socius*) con la Administración Pública, no es menos cierto que esta última no pierde su potestad dominante y decisoria, a lo sumo, tal atributo presenta una flexibilización.

La inadecuación e insuficiencia de las mencionadas categorías jurídicas tradicionales no implica su desconocimiento ni su rechazo definitivo, toda vez que pueden ser perfectamente aplicables a otros supuestos y circunstancias. Además, nadie duda que los actos administrativos y los contratos estatales han cumplido, cumplen y, probablemente, seguirán cumpliendo su necesario e importante rol en el ejercicio de la función administrativa del Estado; sin embargo, al momento de dar cuenta del incremento de las iniciativas participativas en los aludidos procedimientos administrativos especiales, estos resultan insatisfactorios.

En el período contemporáneo, tal insatisfacción de las citadas categorías jurídicas tradicionales se debe a que el derecho, en general[20], y el derecho administrativo y la Administración Pública, en particular, se enfrentan a una realidad social caracterizada por ser compleja, dinámica, volátil, imprevisible e inestable. Así las cosas, tal realidad social suele presentar graduales y progresivos cambios o transformaciones (tal y como evidencia la ampliación y el alcance del principio de participación en los procedimientos administrativos), un asunto que, por un lado, hace difícil el encuadramiento ideal de la realidad social en categorías jurídicas simplificadas, reduccionistas o sistemáticas; por el otro, exige que las mismas se adapten, adecuen y evolucionen de conformidad con aquélla.

En efecto, no es la realidad social la que debe encuadrarse a las categorías jurídicas tradicionales del derecho administrativo; por el contrario, son las categorías jurídicas tradicionales del derecho administrativo las que deben adaptarse a la realidad social, en razón de que las primeras se constituyen –o deben constituirse– como el fiel reflejo y presentación de la segunda. De no ser así, tales categorías jurídicas tradicionales, utilizadas por la Administración Pública en el ejercicio de sus funciones, quedarían obsoletas por anacronismo.

Ahora bien, a diferencia de lo que sucede con las categorías pertenecientes a otras ciencias, como las formales (lógica, matemáticas, geometría, física, entre otras) consideradas bajo el peyorativo rótulo

---

20 SALAS SOLIS, Minor. Vade retro fortuna o de la expulsión de "Satanás" –el azar– del mundo de las ciencias sociales (con especial énfasis en la "ciencia" jurídica). *Doxa. Cuadernos de filosofía del derecho.* 2004, nro. 27, p. 387-390.

de *ciencias duras*; las jurídicas suelen ser imprecisas o relativas en sus delimitaciones y distinciones, debido a que la complejidad, dinamismo, volatilidad, imprevisibilidad e inestabilidad de la realidad social tiende a desbordar todo intento de clasificación al respecto. Como bien señaló el profesor Carrió:

Los juristas (no todos) se dan cuenta (no siempre) de estas cosas. Cuando no los obsesiona el afán de alcanzar una incansable seguridad, o el deseo de presentar, con fines didácticos, un cuadro de perfiles nítidos, libres de zonas grises, reconocen que "las categorías jurídicas no presuponen identidad con las categorías y conceptos de otras ciencias, sino que se inspiran en conceptos más bien vulgares" (Rotondi, *instituzione de Diritto Privato*, pág. 412), y admiten que por fuerza "tenemos que tropezar con la imprecisión o relatividad de los conceptos jurídicos", pues "existen numerosas zonas de transición, en las que el jurista debe estar alerta para no caer en una peligrosa geometría jurídica" (Dassen-Vera Villalobos, *Manual de Derechos Reales*, Parte General, Tea, 1962, pág. 1)

> Los juristas advierten entonces que las clasificaciones jurídicas –incluso algunas tan básicas como la división de derechos reales y personales– constituyen un "intento de agrupar distintos fenómenos" según caracteres que "no se dan en forma aislada sino en una gran variedad de matices y combinaciones"; por lo que "necesariamente debemos contenernos con criterios aproximativos y flexibles" (Dassen-Vera Villalobos, *ob. cit.*, pág. 4). Y destacan que nociones aparentemente tan precisas como "responsabilidad contractual" y "acción contractual", no son otra cosa que conceptos clasificadores, cómodos, orientadores y útiles, pero siempre un poco arbitrarios y cuantitativos, como toda tentativa de trazar una línea divisoria allí donde existen matices, gradaciones y zonas de penumbra" (Gorla, *El contrato*, Ed. Bosch, Barcelona, 1959, pág. 13)[21].

Si bien se observa que las anteriores reflexiones toman como ejemplo categorías del campo del derecho privado para demostrar que la equiparación o identificación entre categorías jurídicas y geométricas puede resultar engañosa, no es menos cierto que igual suerte corren otras pertenecientes a distintos campos del universo jurídico, como bien pueden ser las de acto administrativo y contrato estatal en el derecho administrativo para explicar satisfactoriamente el aumento de la participación ciudadana en la actuación administrativa. Precisamente, como quedó evidenciado en el capítulo segundo de esta investigación, este fenómeno presenta *matices, gradaciones y zonas de penumbra* que

---

21 CARRIÓ, Genaro. *Notas sobre derecho y lenguaje*. Buenos Aires: Abeledo-Perrot. 2011, pp. 54 y ss.

impactan la aplicación uniforme de tales categorías jurídicas en los procedimientos administrativos especiales examinados.

Así las cosas, considerando la inadecuación e insuficiencia de las categorías jurídicas tradicionales frente a la nueva realidad social, se evidencia la necesidad de admitir nuevas categorías jurídicas, que surgen en la dinámica contemporánea como una manifestación de la creciente inclusión de iniciativas ciudadanas en los asuntos públicos y representan una verdadera actividad administrativa consensuada, que está caracterizada por no ser plena ni completamente *unilateral*, ni mucho menos plena ni completamente *bilateral*, sino por presentarse en el solapamiento o intercepción parciales entre lo *unilateral* y *bilateral*.

En ese sentido, corresponde ahora adentrarse en el terreno de las nuevas tendencias del derecho administrativo y en lo que el profesor Schmidt Assmann tituló: "la complementariedad de instrumentos unilaterales soberanos y consensuados"[22], como respuesta a una Administración Pública que se ve confrontada con distintas problemáticas sociales, económicas, políticas o jurídicas, no pudiendo reaccionar a ellas, exclusivamente, con instrumentos de decisión unilateral[23]; esto último, sin perjuicio de la relevancia que sigue teniendo el acto administrativo unilateral en la actualidad. Sin embargo, no puede desconocerse la importancia que vienen adquiriendo las formas consensuadas o negociales, por lo que el derecho administrativo contemporáneo: "debe ofrecer un amplio espectro de instrumentos y dejar abiertas diferentes opciones a la Administración"[24] para la resolución de tales situaciones.

Así pues, a continuación se expondrán dos figuras jurídicas –desarrolladas previamente por la doctrina y la jurisprudencia– que justifican y demuestran la existencia de una creciente *actividad administrativa consensuada*, como un concepto propio del derecho administrativo en la contemporaneidad.

22 SCHMIDT ASSMAN, Eberhard. Contractualización del derecho administrativo. En: MONTAÑA PLATA, Alberto y RINCÓN CÓRDOBA, Jorge (ed.). *Contratos públicos: problemas, perspectivas y prospectivas. XVIII Jornadas internacionales de derecho administrativo.* Bogotá: Universidad Externado de Colombia, 2017, p. 738.

23 Ibíd., 738.

24 Ibíd., 739.

Como primera expresión de la evolución del derecho administrativo, conviene hacer mención de los *actos consensuados o consensuales.* De acuerdo con la jurisprudencia del Consejo de Estado, tales actos componen una nueva modalidad de decisiones administrativas, en cuyo proceso de formación y perfeccionamiento debe cumplirse una fase previa de discusión y consenso entre la autoridad administrativa y el administrado, sin que por ese hecho los acuerdos alcanzados puedan tildarse de contratos o convenios[25].

En sentencia de octubre de 2024, el Consejo de Estado ha reconocido la existencia de los *actos administrativos consensuales* como una nueva categoría de actos administrativos, atribuyendo su nacimiento a la creciente participación de los ciudadanos en los asuntos administrativos. La alta Corporación lo explica en los siguientes términos:

> "Como consecuencia de la creciente participación de los ciudadanos en el procedimiento administrativo, la jurisprudencia y la doctrina han reconocido la conceptualización de una nueva categoría de actos administrativos: los actos consensuales, o más precisamente, los actos derivados de procedimientos consensuales. En el proceso de formación de estos actos media un acuerdo previo entre la administración y sus destinatarios, aunque al momento de su expedición solo aparece la manifestación unilateral de voluntad de la administración que recoge dicho acuerdo.
>
> En este contexto, el procedimiento y los sujetos del acto adquieren especial relevancia, ya que es fundamental que en el procedimiento administrativo se surta la etapa de concertación como fase ineludible para la expedición del acto. De esta manera, a diferencia de los actos administrativos tradicionales (...) en aquellos la voluntad de los sujetos activo y pasivo de la relación convencional se funde y expresa en una decisión final que adopta únicamente quien tiene la competencia (...)"[26]

Luego entonces, el órgano de cierre de la Jurisdicción Contenciosa Administrativa ha reconocido que no todas las actuaciones de la Administración Pública dan como resultado una decisión de

---

25 COLOMBIA. CONSEJO DE ESTADO. Sala de lo Contencioso Administrativo. Rad. No. 0034-2016. (23, marzo, 2017). C.P.: Gabriel Valbuena Hernández. Disponible en: https://consejodeestado.gov.co/documentos/sentencias/28-03-2017_11001032500020160001900.pdf

26 COLOMBIA. CONSEJO DE ESTADO. Sala de lo Contencioso Administrativo. Rad. No. 2013-00002 (11, octubre, 2024) C.P.: José Roberto Sáchica Méndez. Disponible en: https://drive.google.com/file/d/10YzrWXD1sWsmottFLjkcJBIolxZShs72/view

carácter puramente unilateral, sino que existen ciertas relaciones jurídicas de derecho público, que son producto de procedimientos consensuales que incluyen etapas de participación ciudadana –obligatoria o facultativa– en la adopción de decisiones administrativas y que son capaces de generar un impacto en la satisfacción derechos e intereses de índole particular o colectivo.

En ese sentido, los procedimientos administrativos consensuales, constituyen un instrumento que permite visibilizar la importancia del principio constitucional de participación, mediante la celebración de consensos o acuerdos entre la Administración Pública y la ciudadanía, que dan lugar a mejores decisiones administrativas.

Así las cosas, la jurisprudencia administrativa expone lo siguiente:

> La decisión vinculante proferida por la autoridad competente, viene a ser fruto del acuerdo previamente celebrado con quienes tienen la vocación de convertirse en sus futuros destinatarios. A dicho concierto de voluntades se llega como resultado de la aplicación de un procedimiento administrativo ordinariamente reglado, en el cual la participación ciudadana es un requisito forzoso e insoslayable. Dicha participación se concreta ya sea mediante la simple emisión de conceptos u opiniones por parte de los administrados o la celebración de verdaderos acuerdos en torno al contenido dispositivo de las decisiones que se deben adoptar. En todo caso, es importante destacar que el acuerdo celebrado no produce en sí mismo y de manera directa e inmediata un efecto vinculante para las partes, pues su carácter ejecutorio se encuentra supeditado, en primer término, a la expedición de un acto administrativo que concrete y formalice la decisión acordada y, en segundo lugar, al consecuente cumplimiento de los respectivos trámites de publicación y/o notificación[27].

En consecuencia, la postura adoptada por el Consejo de Estado sobre los actos consensuales o consensuados tiene dos aristas: permite la participación ciudadana, bien sea en la etapa de discusión al interior del respectivo procedimiento administrativo –con el propósito de que el destinatario del acto sea escuchado–; o que se trate de la conformación conjunta de la voluntad, es decir, que se concreten verdaderos acuerdos a partir de los cuales se adopte la decisión administrativa definitiva.

Teniendo en cuenta lo anteriormente citado, resulta pertinente anotar que, en algunos procedimientos administrativos, la participación ciudadana constituye una obligación de forzoso acatamiento, cuyo

---

27 Ibíd.

desconocimiento podría viciar la legalidad de la decisión resultante y afectar los derechos o intereses de los destinatarios de la misma. No obstante, existen procedimientos administrativos que requieren, estrictamente, la manifestación de voluntad soberana de la Administración Pública, por lo que la participación ciudadana es de carácter facultativo. Y es en tales eventos, en los que se reconoce la vigencia de los postulados clásicos respecto del acto administrativo puramente unilateral.

Con el propósito de mostrar lo señalado sobre la participación ciudadana obligatoria o facultativa en los procedimientos administrativos consensuales, el Consejo de Estado en otro pronunciamiento jurisprudencial, explicó:

> Es importante añadir que si bien los actos administrativos consensuales nacen de la aplicación de esos procedimientos participativos caracterizados por la expresión bilateral de la voluntad, nada obsta para que en determinadas circunstancias las autoridades competentes permitan la intervención de los particulares en aquellos procedimientos en los cuales ella no es obligatoria. Con todo, cuando la voluntad del sujeto pasivo es vinculante para efectos de proferir el acto, su inobservancia compromete la validez de éste, ya sea porque se pretermitió la fase correspondiente a la concertación, violando así el "debido proceso administrativo", o porque en la decisión final sólo se advierte la manifestación unilateral de la administración, soslayando la norma superior.
>
> Por el contrario, tratándose de procedimientos en los cuales la participación ciudadana es meramente optativa o facultativa, el hecho de no abrir esos espacios de participación no tiene ninguna incidencia en la legalidad de la decisión administrativa resultante. Sin embargo, es del caso precisar que, en los eventos en los cuales la norma superior ordena que se consulte previamente a los que se puedan ver afectados con la decisión administrativa, aun cuando lo manifestado por ellos no sea vinculante para la administración, escucharlos es del todo obligatorio dentro del proceso de formación del acto, de suerte que, si se omite hacer la consulta correspondiente, la decisión carecerá de validez[28].

Pues bien, de cara al derecho administrativo colombiano solo se han expedido pronunciamientos jurisprudenciales y algunas menciones por parte de la doctrina sobre los *actos administrativos consensuales*; sin embargo, no han sido incorporados formalmente por el legislador como una alternativa frente al acto administrativo sobera-

---

[28] COLOMBIA. CONSEJO DE ESTADO. Sala de lo Contencioso Administrativo. Rad. No. 2013-00055. (7, abril, 2014). C.P: Guillermo Vargas Ayala. Disponible en: http://www.consejodeestado.gov.co/documentos/boletines/143/S1/11001-03-24-000-2013-00055-00.pdf

no y unilateral, o como el instrumento con el cual finaliza un procedimiento administrativo participativo, tal como aquéllos que fueron estudiados en el capítulo segundo de la presente investigación.

No obstante, en algunas legislaciones europeas sí se han incorporado los *actos administrativos consensuales*, siendo ejemplo de ello, el derecho español. El profesor Parejo Alfonso sostiene que en España se ha admitido que la Administración Pública celebre acuerdos o convenios con los interesados en el seno de un procedimiento administrativo; por ejemplo, los convenios de fijación, por mutuo acuerdo, del justiprecio en procedimientos de expropiación forzosa; convenios urbanísticos; negociación colectiva en la función pública; conciertos y convenios en materia tributaria[29].

El sustento normativo de los actos administrativos consensuales en el ordenamiento jurídico español está contemplado en el artículo 88 de la Ley de Régimen Jurídico de las Administraciones Públicas y del Procedimiento Administrativo Común –LRJPAC–, el cual permite la terminación de forma convencional de un procedimiento administrativo, sustituyendo así la resolución unilateral emitida por la Administración Pública[30].

Siguiendo las consideraciones del profesor Parejo Alfonso, el acto administrativo consensual es un: "acuerdo de voluntades entre una administración pública y uno o varios sujetos de Derecho, regulado por el Derecho administrativo, celebrado en el contexto de un procedimiento administrativo a través del que aquélla deba ejercer una potestad asimismo administrativa y para la terminación o la preparación —en tér-

---

29 PAREJO ALFONSO, Luciano. Op. Cit., p. 413.

30 Reza el artículo 88 de la LRJPAC lo siguiente: "1. Las Administraciones Públicas podrán celebrar acuerdos, pactos, convenios o contratos con personas tanto de derecho público como privado, siempre que no sean contrarios al Ordenamiento Jurídico ni versen sobre materias no susceptibles de transacción y tengan por objeto satisfacer el interés público que tienen encomendado, con el alcance, efectos y régimen jurídico específico que en cada caso prevea la disposición que lo regule, pudiendo tales actos tener la consideración de finalizadores de los procedimientos administrativos o insertarse en los mismos con carácter previo, vinculante o no, a la resolución que les ponga fin. [...]".

minos vinculantes— de la terminación de éste, que está dirigido a la constitución, modificación o extinción de una relación jurídica[31].

Visto lo anterior, tenemos que el acto administrativo consensual se produce en el marco de un procedimiento administrativo, tiene lugar cuando existe posibilidad de discusión entre la Administración Pública y los administrados, no desconoce la titularidad de la potestad de que goza la respectiva autoridad administrativa y, consecuencialmente, la decisión resultante de tal procedimiento, se presenta como una alternativa al acto administrativo puramente unilateral.

De acuerdo con la definición expuesta, es viable colegir que existen procedimientos administrativos que finalizan formalmente con un acuerdo de voluntades, entendiendo el acto administrativo consensual como finalizador del procedimiento; pero en otros casos, los actos se insertan en el trámite de manera previa a la expedición de la resolución que pone fin a tal procedimiento administrativo. En este último evento, conviene precisar que no puede tratarse de cualquier tipo de participación ciudadana en el curso de la respectiva actuación, sino de aquélla con la entidad suficiente para incidir en la conformación de la decisión administrativa definitiva.

En suma, la construcción del concepto de *acto administrativo consensual* corresponde a una manifestación de las nuevas tendencias del derecho administrativo y, específicamente, constituye una expresión de la denominada *actividad administrativa consensuada*, que no ha sido ajena al ordenamiento jurídico colombiano, toda vez que, como quedó evidenciado, el Consejo de Estado ha reconocido la existencia de decisiones que expresan una voluntad plural o consensual, lo cual resta fuerza al férreo carácter unilateral que cobijaba anteriormente todas las decisiones de la Administración Pública.

Seguidamente, es necesario profundizar sobre otra figura jurídica que sostiene un vínculo estrecho con la anterior, y que es clave para entender el concepto de actividad consensuada de la Administración Pública contemporánea, esta es *la terminación convencional de los procedimientos administrativos.*

Se trata de una alternativa distinta a la t*erminación clásica unilateral de un procedimiento administrativo,* pues implica el reconocimiento

---

[31] Ibíd., p. 415.

y la convergencia de ciertos atributos característicos del derecho administrativo contemporáneo, tales como la apertura al diálogo, la participación ciudadana y la concertación con actores privados en asuntos de carácter general. De modo que, este fenómeno jurídico, apunta a una nueva forma de interacción entre la autoridad administrativa y la ciudadanía, siendo que la primera ya no solo se comunica de manera autoritaria con la segunda, ni mucho menos, como dice Morón Urbina: "basándose exclusivamente en la relación de mando y obediencia o subordinación-sujeción" [32], sino que, a partir del principio de participación, la Administración Pública, tal como reitera el citado profesor, se ve en la: "necesidad de construir ahora esa relación sobre la base de la buena fe y confianza legítima, entendiendo que el interés público no puede estar al margen del interés de los administrados"[33].

Con el propósito de reforzar lo planteado, conviene citar las apreciaciones esbozadas por el profesor Morón Urbina sobre la transformación del Estado contemporáneo a partir de la aceptación y proliferación de esquemas de terminación convencional de procedimientos administrativos:

> En ese contexto, es identificable con nitidez la apertura actual a formas de actuación administrativa de naturaleza convencional con los administrados, pero de un modo previsible y controlado. Es una nueva técnica de administrar: a través de convenios y no de imposiciones. Esta tendencia se sobrepone a la tradicional decisión unilateral adoptada sobre la base de la legislación, de soluciones de conflictos dentro del molde de decisiones unilaterales del acto administrativo, en procedimientos regulados legalmente y dictados bajo cumplimiento cabal de requisitos previstos para ello, en los cuales a modo de compensación únicamente se consagra en favor del administrado un régimen garantista, constituido por derechos de acción y de controversia, que pueden hacerse valer incluso ante los tribunales.
>
> Precisamente, esta línea en la transformación del Estado contemporáneo nos pone en la senda de una posible Administración Pública en la cual parte del ejercicio de su poder público sea concertado, y no exclusivamente unilateral ni expresión de pura autoridad; donde se entienda que no necesariamente la Administración es titular de un interés diverso a los intereses de los ciudadanos en particular. Estamos superando el paradigma aquel de que es imposible para

---

32 MORÓN URBINA, Juan. La terminación convencional del procedimiento sancionador: la administración concertada en materia sancionadora. *Themis: Revista de Derecho.* 2016, núm. 69, p. 56.

33 Ibíd., p. 56.

> la Administración Pública transigir o conciliar sus intereses porque se transgrede el interés público que radica en el ejercicio unilateral del poder encomendado[34].

Teniendo en cuenta lo anterior, se observa que las acertadas anotaciones del citado profesor Morón Urbina sobre el fenómeno objeto de análisis, plantean una interesante idea sobre la concurrencia o identidad de los intereses de la Administración Pública y los intereses de los ciudadanos que participan en la conformación de la decisión administrativa definitiva, lo cual podría calificarse como un *propósito común* perseguido por las partes. De allí que se encuentre plenamente justificado que la autoridad administrativa competente no defina en solitario los asuntos que también incumben a la comunidad; generándose, entonces, la necesidad de garantizar espacios de diálogo y concertación, previos a la expedición de la decisión que ponga fin al respectivo procedimiento administrativo.

Además, se destaca que los procedimientos administrativos cuya terminación se da convencionalmente, o aquéllos que incluyen instancias negociales, deben desarrollarse atendiendo los principios que rigen la función administrativa, que en el ordenamiento jurídico colombiano están contemplados en el artículo 209 de la Constitución Política de 1991 y en el artículo 3° de la Ley 1437 de 2011. Dentro de tales trámites, cobran especial relevancia los principios de eficacia, celeridad y participación, toda vez que su juiciosa observancia da lugar a la adopción de decisiones informadas, con vocación a ser acatadas y ajustadas a los fines del Estado. En ese sentido, esta figura jurídica constituye un instrumento, a juicio de Sánchez Morón: "para la mejor y más rápida satisfacción del interés público, pero no una vía para relajar el cumplimiento de la legalidad"[35].

En definitiva, los acuerdos que nacen como resultado de la terminación convencional de un procedimiento administrativo, evidencian un cambio en la administración de intereses públicos y, probablemente, representan la génesis de una nueva vía de acción en el ejercicio de la función administrativa del Estado que deberá for-

---

34 Ibíd., pp. 56 y ss.

35 SÁNCHEZ MORÓN, Miguel. "La apertura del procedimiento administrativo a la negociación con los ciudadanos". Citado por: MORÓN URBINA, Juan. Ibíd., p. 58.

malizarse. Se insiste, tales acuerdos no sustituyen la decisión soberana clásica y puramente unilateral; por el contrario, constituyen una alternativa frente a aquélla, precisamente, en busca de la resolución eficiente de diversas situaciones problemáticas de la realidad social contemporánea y de la satisfacción de necesidades colectivas.

En esta instancia de la investigación, una vez explicados los *tres presupuestos constitucionales* que soportan la transformación de la actividad de la Administración Pública contemporánea; habiéndose desarrollado *cuatro procedimientos administrativos participativos* del ordenamiento jurídico colombiano, y expuesto dos figuras jurídicas pertenecientes a las nuevas tendencias del derecho administrativo, como son *los actos administrativos consensuales* y la *terminación convencional de los procedimientos administrativos,* existen suficientes argumentos para construir una aproximación al concepto de *actividad administrativa consensuada* como aquélla por la cual la Administración Pública, en el marco de sus competencias y en ejercicio de función administrativa, mediante un procedimiento que prevea instancias de participación y consenso con otros sujetos de derecho, decide un asunto de interés público, general y colectivo.

En el contexto del derecho administrativo contemporáneo, *la actividad administrativa consensuada* no niega ni desconoce las potestades administrativas soberanas del Estado; por lo tanto, esta nueva vía de acción –no formalizada– de la Administración Pública, coexiste junto a la tradicional *actividad administrativa unilateral,* que se refiere a los procedimientos por los cuales la autoridad administrativa decide, sin participación de otros sujetos, un asunto concreto de derecho.

Luego entonces, son de distinta índole los mecanismos jurídicos previstos por el derecho administrativo contemporáneo, para el ejercicio de la función administrativa y la satisfacción de los fines estatales; siendo la complementariedad de instrumentos unilaterales y consensuados, la que evidencia la transformación del modelo de actuación de la Administración Pública, en el marco de un ordenamiento jurídico constitucionalizado, tal como el del Estado social y democrático de derecho colombiano.

Conclusión

La actividad de la Administración Pública contemporánea no se agota con la adopción exclusiva de decisiones administrativas unilaterales y contratos estatales, pues existen diversos procedimientos administrativos especiales con un robusto sustento normativo y doctrinal, que estipulan la necesaria intervención de actores distintos a la autoridad administrativa en la gestión pública; lo que supone que el proceso de formación o configuración de tales decisiones se desarrolle de manera consensuada o concertada.

En el caso colombiano, la instauración por parte del legislador de procedimientos administrativos especiales (*otorgamiento de licencias ambientales, celebración de consultas previas a las comunidades étnicas, adopción del plan de ordenamiento territorial, expedición de licencias urbanísticas, entre otros*) que prevean etapas o fases participativas (*celebración previa de una audiencia pública ambiental, etapas de preconsulta y consulta, concertación interadministrativa y consulta al sector privado, función de curadores urbanos* y *citación de vecinos*), constituye la materialización de dos principios constitucionales fundantes del Estado social y democrático de derecho, que a su vez representan elementos característicos de la Administración Pública contemporánea: la *democracia participativa* y la *participación ciudadana*.

A diferencia de lo que ocurre dentro de un procedimiento administrativo particular, donde la intervención tiende a ser privada, subjetiva o personal, cual mecanismo de defensa, audiencia y contradicción se trata, reducida al ámbito de la protección de derechos individuales que solo al interesado conciernen y cuya decisión administrativa definitiva tendrá efectos *inter partes*; en el caso de los procedimientos administrativos especiales, por lo menos aquéllos examinados en este trabajo de investigación, la participación ciudadana es, por el contrario, pública, objetiva o colectiva, haciéndose extensiva en todas y cada una de sus etapas o fases, en razón de que la ciudadanía interviene como actor perteneciente a una comunidad política en la búsqueda de protección de los intereses generales y derechos colectivos que a todos afectan.

Una consecuencia práctica de tal planteamiento ha sido, precisamente, la oportunidad de la ciudadanía de cuestionar la validez de la decisión administrativa ante la Jurisdicción Contenciosa Administrativa, en la medida en que cualquiera de los elementos que la conforman (el *quién*, el *cómo*, el *qué*, el *para qué*, el *por qué*) no representen el resultado de la inserción directa de iniciativas participativas. Inclusive, cuando se trate de compromisos acordados con las comunidades étnicas en el marco de una consulta previa, que hubiesen quedado establecidos en *actas de protocolización de acuerdos*, la acción de tutela resulta procedente para exigir el cumplimiento eficaz, obligatorio y total de lo allí lo pactado. Así las cosas, la inclusión de la participación ciudadana en los procedimientos administrativos, sirve como parámetro para la identificación de vicios invalidantes de la respectiva decisión, así como para el ejercicio idóneo de su control y supervisión.

Lo anterior era impensable en la realidad social de hace varios siglos, toda vez que, cuando se hablaba de protección de intereses generales y derechos colectivos, tal asunto era de tratamiento exclusivo por parte de la Administración Pública, sin necesidad de un consentimiento ciudadano *a posteriori* como una forma de fortalecimiento de la legitimidad política *a priori* otorgada por la representación popular; más aún, tal asunto era reducido a las instancias meramente electorales, circunscritas al ámbito político y a las técnicas del voto y las elecciones públicas periódicas.

En la actualidad, el creciente protagonismo del ciudadano ha generado una ruptura en el tratamiento tradicional y exclusivo de la Administración Pública acerca de la protección de los intereses generales y derechos colectivos, así como su limitación a la esfera de la política, lo cual conlleva a sostener que la clásica relación de mando y obediencia entre autoridad pública y la ciudadanía debe ser matizada, pues no se ajusta (no es adecuada) a la realidad social de hoy. Precisamente, los procedimientos administrativos especiales examinados en la presente investigación, muestran que la autoridad administrativa ya no decide en solitario los asuntos relacionados con la protección de intereses generales y derechos colectivos, así como tampoco es cierto que la ciudadanía continúe marginada a la condición de súbdito, cumpliendo estrictamente la decisión que otro emite.

El tradicional, vertical y jerárquico vínculo entre la Administración Pública y la ciudadanía ha transitado, por lo menos en los procedimientos administrativos especiales aquí estudiados, hacia un nuevo relacionamiento cada vez más contemporáneo, horizontal y negocial, caracterizado por la mutua colaboración y el diálogo público-privado. Conviene agregar que esto no implica que tal relacionamiento desconozca total o completamente el clásico carácter unilateral, toda vez que la autoridad administrativa no renuncia a tal potestad exorbitante, sino que la flexibiliza, al permitir la intervención ciudadana en la configuración o formación de la decisión administrativa, a fin de lograr una mejor y más adecuada satisfacción de las necesidades colectivas de la comunidad política.

Adicionalmente a la *flexibilización del* férreo *carácter unilateral en las decisiones administrativas,* dos rasgos comunes participativos en los mencionados procedimientos administrativos especiales tienen cabida: *la garantía de publicidad* y *la búsqueda de protección de derechos colectivos e intereses generales.* Así pues, cada rasgo identificado y desarrollado en la presente investigación tuvo como objetivo presentar la transformación sufrida por la clásica relación de mando y obediencia entre la Administración Pública y la ciudadanía, concretada correlativamente, por un lado, en el desvanecimiento de la autosuficiencia y autarquía de la primera, y por otro, en el crecimiento inclusivo de la cooperación y colaboración de la segunda en los procedimientos administrativos.

A fin de no llegar al extremo desliz de cometer una imprudencia, todo lo que aquí se ha tratado de puntualizar debe entenderse en el siguiente sentido: los procedimientos administrativos especiales examinados en el presente trabajo de investigación, que dan cuenta de una verdadera y real *actividad administrativa consensuada,* representan una alternativa a los mecanismos tradicionales de actuación de la Administración Pública, tal como los actos administrativos clásicos y puramente unilaterales o los contratos estatales. No los desconocen ni los rechazan, su pretensión no es hacerlo, sino que, tanto los unos como los otros, coexisten de manera paralela. La razón estriba en que los mecanismos tradicionales seguirán cumpliendo su importante labor, como hasta ahora lo han hecho, y serán perfectamente aplicables a otros supuestos y circunstancias normativas. Sin embargo, frente a la heterogeneidad y especialidad de los supuestos fácticos y jurídicos que dan lugar a los cuatro escenarios analizados en la presente investigación, los mecanismos tradicionales resultan inadecuados. De ahí que, el hecho de que los mecanismos alternativos se aparten de la rígida y burocrática relación de mando y obediencia propia de los actos administrativos clásicos, cobijados bajo el manto de la imperatividad y unilateralidad, da cuenta de la insuficiencia de los mecanismos tradicionales al momento de explicar el auge del principio de participación en el actuar de la Administración Pública contemporánea.

En definitiva, el crecimiento e importancia del principio de participación ciudadana al interior de tales procedimientos administrativos especiales ha hecho patente que, a día de hoy, se plantee la posibilidad de pensar en verdaderos y reales *actos consensuales o consensuados*, nacidos de relaciones jurídicas de derecho público guiadas por el diálogo y el acuerdo de voluntades, que denotan la existencia de una *actividad administrativa consensuada* fundada en un vínculo un poco más horizontal entre la Administración Pública y la ciudadanía, y no tanto en la verticalidad e imperatividad propia de un plano de subordinación, como solía pensarse tradicionalmente. Si bien esta nueva vía de acción de la Administración Pública contemporánea no ha sido formalizada ni regulada por el legislador, salvo su evidente concreción en los específicos procedimientos administrativos, como los analizados en la presente investigación; se espera que, con la evolución del derecho administrativo y su respuesta a las nuevas y complejas demandas sociales, sumado a una ciudadanía cada vez más deseosa de intervención en la configuración o formación de las decisiones administrativas, este proceso logre una mayor consolidación en el ordenamiento jurídico colombiano.

Bibliografía

BAENA CARRILLO, Samuel. El derecho administrativo más allá de sus fronteras epistemológicas. En: RINCÓN CÓRDOBA, Jorge (ed.). *Las transformaciones de la administración pública y el derecho administrativo. Tomo I. Constitucionalización de la disciplina y evolución de la actividad administrativa.* Bogotá: Universidad Externado de Colombia, 2019, p. 57-86. ISBN 978-958-790-183-2.

BARNES, Javier. Tres generaciones del procedimiento administrativo. *Derecho PUCP.* 2011, nro. 67, p. 77-108.

BRASIL. CONFERENCIA DE LAS NACIONES UNIDAS SOBRE EL MEDIO AMBIENTE Y EL DESARROLLO. Declaración de Río sobre el Medio Ambiente y el Desarrollo. (3 al 14 de junio 1992). [Consultado el 23 de julio de 2022]. Disponible en: https://www.un.org/spanish/esa/sustdev/agenda21/riodeclaration.htm

CAMACHO CEPEDA, Gladys. La participación ciudadana en la administración pública introducción. *Revista de Derecho de la Universidad Católica de Valparaiso.* 1997, nro. 18, p. 371-382.

CARRIÓ, Genaro. *Notas sobre derecho y lenguaje.* Buenos Aires: Abeledo-Perrot, 2011. 432 p. ISBN 978-950-20-2275-8.

COLOMBIA. ASAMBLEA NACIONAL CONSTITUYENTE. Constitución Política. (20 de julio de 1991). [Consultado el 1 de marzo de 2022]. Disponible en: http://www.secretariasenado.gov.co/senado/basedoc/constitucion_politica_1991.html#1

COLOMBIA. CONGRESO DE LA REPÚBLICA. Ley 99. (22 de diciembre de 1993). Por la cual se crea el Ministerio del Medio Ambiente, se reordena el Sector Público encargado de la gestión y conservación del medio ambiente y los recursos naturales renovables, se organiza el Sistema Nacional Ambiental, SINA, y se dictan otras disposiciones. En: Diario Oficial. 1993, no. 41.146. [Consultado el 16 de julio de 2022]. Disponible en: http://www.secretariasenado.gov.co/senado/basedoc/ley_0099_1993.html#1

COLOMBIA. CONGRESO DE LA REPÚBLICA. Ley 338. (18 de julio de 1997). Por la cual se modifica la Ley 9ª de 1989, y la Ley 3ª de 1991 y se dictan otras disposiciones. En: Diario Oficial. 1997, no. 43.091. [Consultado el 16 de julio de 2022]. Disponible en: http://www.secretariasenado.gov.co/senado/basedoc/ley_0388_1997.html

COLOMBIA. CONGRESO DE LA REPÚBLICA. Ley 810. (13 de julio de 2003). Por la cual se modifica la Ley 388 de 1997 en materia de sanciones urbanísticas y algunas actuaciones de los curadores urbanos y se dictan otras disposiciones. En: Diario Oficial. 2003, no. 45.220. [Consultado el 1 de agosto de 2022]. Disponible en: http://www.secretariasenado.gov.co/senado/basedoc/ley_0810_2003.html

COLOMBIA. CONGRESO DE LA REPÚBLICA. Ley 1437. (18 de enero de 2011). Por la cual se expide el Código de Procedimiento Administrativo y de lo Contencioso Administrativo. [Consultado el 12 de julio de 2022]. Disponible en: https://www.funcionpublica.gov.co/eva/gestornormativo/norma.php?i=41249

COLOMBIA. CONGRESO DE LA REPÚBLICA. Ley 2079. (14 de enero de 2021). Por medio de la cual se dictan disposiciones en materia de vivienda y hábitat. En: Diario Oficial. 2021, no. 51.557. [Consultado el 16 de julio de 2022]. Disponible en: http://www.secretariasenado.gov.co/senado/basedoc/ley_2079_2021.html

COLOMBIA. CONSEJO DE ESTADO. Sala de lo Contencioso Administrativo. Rad. No. 2005-01330-01. (8, junio, 2011). C.P: Jaime Orlando Santofimio Gamboa. Disponible en: https://www.consejodeestado.gov.co/documentos/boletines/PDF/25000-23-26-000-2005-01330-01(AP).pdf

COLOMBIA. CONSEJO DE ESTADO. Sala de lo Contencioso Administrativo. Rad. No. 2013-00055. (7, abril, 2014). C.P.: Guillermo Vargas Ayala. Disponible en: http://www.consejodeestado.gov.co/documentos/boletines/143/S1/11001-03-24-000-2013-00055-00.pdf

COLOMBIA. CONSEJO DE ESTADO. Sala de Consulta y Servicio Civil. Rad. No. 2290. (30, agosto, 2016). C.P.: Álvaro Namén Vargas. Disponible en: https://www.consejodeestado.gov.co/documentos/boletines/PDF/11001-03-06-000-2016-00057-00(2290).pdf

COLOMBIA. CONSEJO DE ESTADO. Sala de lo Contencioso Administrativo. Rad. No. 2905-14. (9, febrero, 2017). C.P.: Sandra Lisset Ibarra Vélez. Disponible en: https://funcionpublica.gov.co/eva/gestornormativo/norma.php?i=81193#00942

COLOMBIA. CONSEJO DE ESTADO. Sala de lo Contencioso Administrativo. Rad. No. 0034-2016. (23, marzo, 2017). C.P.: Gabriel Valbuena Hernández. Disponible en: https://consejodeestado.gov.co/documentos/sentencias/28-032017_11001032500020160001900.pdf

"COLOMBIA. CONSEJO DE ESTADO. Sala de lo Contencioso Administrativo. Rad. No. 2013-00002 (11, octubre, 2024) C.P.: José Roberto Sáchica Méndez. Disponible en: https:/drive.google.com/file/d/10YzrWXD1sWsmottFLjkcJBIolxZShs72/view"

COLOMBIA. CORTE CONSTITUCIONAL. Sentencia T-469/92. (17, julio, 1992). M.P.: Alejandro Martínez Caballero. Disponible en: https://www.corteconstitucional.gov.co/relatoria/1992/T-469-92.htm

COLOMBIA. CORTE CONSTITUCIONAL. Sentencia C-180/94. (14, abril, 1994). M.P.: Hernando Herrera Vergara. Disponible en: https://www.corteconstitucional.gov.co/relatoria/1994/C-180-94.htm

COLOMBIA. CORTE CONSTITUCIONAL. Sentencia SU-039/97. (03, febrero, 1997). M.P.: Antonio Barrera Carbonell. Disponible en: https://www.corteconstitucional.gov.co/relatoria/1997/su039-97.htm

COLOMBIA. CORTE CONSTITUCIONAL. Sentencia C-1142/00. (30, agosto, 2000). M.P.: José Gregorio Hernández Galindo. Disponible en: https://www.corteconstitucional.gov.co/relatoria/2000/C-1142-00.htm

COLOMBIA. CORTE CONSTITUCIONAL. Sentencia C-795/00. (29, junio, 2000). M.P.: Eduardo Cifuentes Muñoz. Disponible en: https://www.corteconstitucional.gov.co/relatoria/2000/C-795-00.htm

COLOMBIA. CORTE CONSTITUCIONAL. Sentencia C-051/01. (24, enero, 2001). M.P.: José Gregorio Hernández Galindo. Disponible en: https://www.corteconstitucional.gov.co/relatoria/2001/C-051-01.htm

COLOMBIA. CORTE CONSTITUCIONAL. Sentencia T-637/01. (15, junio, 2001). M.P.: Manuel José Cepeda Espinosa. Disponible en: https://www.corteconstitucional.gov.co/relatoria/2001/T-637-01.htm

COLOMBIA. CORTE CONSTITUCIONAL. Sentencia C-141/10. (26, febrero, 2010). M.P.: Humberto Antonio Sierra Porto. Disponible en: https://www.corteconstitucional.gov.co/relatoria/2010/c-141-10.htm

COLOMBIA. CORTE CONSTITUCIONAL. Sentencia T-095/15. (10, marzo, 2015). M.P.: Jorge Ignacio Pretelt Chaljub. Disponible en: https://www.corteconstitucional.gov.co/relatoria/2015/T-095-15.htm

COLOMBIA. CORTE CONSTITUCIONAL. Sentencia C-150/15. (8, abril, 2015). M.P.: Mauricio González Cuervo. Disponible en: https://www.corteconstitucional.gov.co/RELATORIA/2015/C-150-15.htm

COLOMBIA. CORTE CONSTITUCIONAL. Sentencia T-327/18. (13, agosto, 2018). M.P.: Gloria Stella Ortiz Delgado. Disponible en: https://www.corteconstitucional.gov.co/relatoria/2018/t-327-18.htm

COLOMBIA. CORTE CONSTITUCIONAL. Sentencia SU-123/18. (15, noviembre, 2018). M.P.: Rodrigo Uprimny Yepes. Disponible en: https://www.corteconstitucional.gov.co/relatoria/2018/SU123-18.htm

COLOMBIA. CORTE CONSTITUCIONAL. Sentencia SU-016/21. (21, enero, 2021). M.P.: Gloria Stella Ortiz Delgado. Disponible en: https://www.corteconstitucional.gov.co/relatoria/2021/SU016-21.htm

COLOMBIA. CORTE CONSTITUCIONAL. Sentencia C-191/21. (17, junio, 2021). M.P.: Jorge Fernando Reyes Cuartas. Disponible en: https://www.corteconstitucional.gov.co/Relatoria/2021/C-191-21.htm

COLOMBIA. MINISTERIO DE AMBIENTE Y DESARROLLO SOSTENIBLE. Decreto 1076. (26 de mayo de 2015). Por medio del cual se expide el Decreto Único Reglamentario del Sector Ambiente y Desarrollo Sostenible. En: Diario Oficial. 2015, no. 49.523. [Consultado el 16 de julio de 2022]. Disponible en: https://www.funcionpublica.gov.co/eva/gestornormativo/norma.php?i=78153

COLOMBIA. MINISTERIO DE VIVIENDA, CIUDAD Y TERRITORIO. Decreto 1310. (14 de junio de 2012). Por el cual se reglamenta parcialmente la Ley 1469 de 2011 en lo relacionado con los Macroproyectos de Interés Social Nacional. En: Diario Oficial. 2012, no. 48.462. [Consultado el 16 de julio de 2022]. Disponible en: https://www.funcionpublica.gov.co/eva/gestornormativo/norma.php?i=47948

COLOMBIA. MINISTERIO DE VIVIENDA, CIUDAD Y TERRITORIO. Decreto 1077. (26 de mayo de 2015). Por medio del cual se expide el Decreto Único Reglamentario del Sector Vivienda, Ciudad y Territorio. En: Diario Oficial. 2015, no. 49.523. [Consultado el 16 de julio de 2022]. Disponible en: https://www.funcionpublica.gov.co/eva/gestornormativo/norma.php?i=77216

COLOMBIA. MINISTERIO DE VIVIENDA, CIUDAD Y TERRITORIO. Decreto 1783. (20 de diciembre de 2021). Por el cual se modifica parcialmente el Decreto 1077 de 2015 Único Reglamentario del Sector Vivienda, Ciudad y Territorio, en lo relacionado con el estudio trámite y expedición de las licencias urbanísticas y se dictas otras disposiciones. En: Diario Oficial. 2021, no. 51.894. [Consultado el 3 de agosto de 2022]. Disponible en: https://www.funcionpublica.gov.co/eva/gestornormativo/norma.php?i=77216

COLOMBIA. PRESIDENCIA DE LA REPÚBLICA. Directiva Presidencial No. 10. (7 de noviembre de 2013). Guía para la realización de Consulta Previa con Comunidades Étnicas. En: Diario Oficial. 2013, no. 48967. [Consultado el 25 de julio de 2022]. Disponible en: https://pruebaw.mininterior.gov.co/sites/default/files/12_directiva_presidencial_ndeg_10_del_07_de_noviembre_2013_4.pdf

COLOMBIA. PRESIDENCIA DE LA REPÚBLICA. Directiva Presidencial No. 08. (9 de septiembre de 2020). Guía para la realización de Consulta Previa con Comunidades Étnicas. En: Diario Oficial. 2020, no. 51.432. [Consultado el 25 de julio de 2022]. Disponible en: https://estudiojuridicomym.com/wp-content/uploads/DIRECTIVA-PRESIDENCIAL-No-08-DEL-9-DE-SEPTIEMBRE-DE-2020.pdf

COSTA RICA. COMISIÓN ECONÓMICA PARA AMÉRICA LATINA Y EL CARIBE. Acuerdo Regional sobre el Acceso a la Información, la Participación Pública y el Acceso a la Justicia en Asuntos Ambientales en América Latina y el Caribe. (22 de abril de 2021). [Consultado el 26 de diciembre de 2022]. Disponible en: https://repositorio.cepal.org/bitstream/handle/11362/43595/S2200798_es.pdf

DIAZ ALDRET, Ana. Participación ciudadana en la gestión y en las políticas públicas. Gestión y Política Pública[online]. 2017, vol. 26, nro. 2, p. 341-379.

ESPINOSA, Mario. La participación ciudadana como una relación socio-estatal acotada por la concepción de democracia y ciudadanía. *Andamios.* 2009, vol. 5, nro. 10, p. 71-109.

GARCÍA DE ENTERRÍA, Eduardo. Principios y modalidades de la participación en la vida administrativa. En: GÓMEZ-FERRER MORANT, Rafael y VILLAR PALASÍ, José (coord.). *Libro homenaje al profesor Luis Villar Palasí.* España: Civitas, 1989, p. 437-452.

GUASTINI, Riccardo. La constitucionalización del ordenamiento jurídico: el caso italiano. En: CARBONELL SÁNCHEZ, Miguel (ed.). *Neoconstitucionalismo(s).* España: Trotta, 2003, p. 49-74. 49. ISBN 84-8164-573-7.

HERNÁNDEZ SAMPELAYO, José. La colaboración del administrado con la administración. *Documentación Administrativa.* 1965, nro. 91-92, p. 9-22.

OSPINA GARZÓN, Andrés. La constitucionalización del derecho administrativo y las jornadas internacionales de derecho administrativo. En: MONTAÑA PLATA, Alberto y OSPINA GARZÓN, Andrés (ed.). *La constitucionalización del derecho administrativo. XV jornadas internacionales de derecho administrativo.* Bogotá: Universidad Externado de Colombia, 2014, p. 11-18. ISBN 978-958-772-169-0.

MUÑOZ MACHADO, Santiago. Las concepciones del derecho administrativo y la idea de participación en la administración. *Revista de administración pública.* 1997, nro. 84, p. 512-533.

MUÑOZ MACHADO, Santiago. *Tratado de derecho administrativo y derecho público general. Tomo III. Los principios de constitucionalidad y legalidad.* Madrid: Agencia Estatal Boletín Oficial del Estado, 2015. 414 p. ISBN 978-84-340-2218-8.

PAREJO ALFONSO, Luciano. Lecciones de derecho administrativo. Valencia: Tirant lo Blanch, 2010. 971 p. ISBN 978-84-9033-063.

PASTRANA VALLS, Alejandro. El impacto de la movilidad cognitiva y los medios de información en la participación política de los mexicanos. *Cuadernos.info.* 2017, nro. 40. p. 17-37.

RAMÍREZ NÁRDIZ, Alfredo. Los retos de la democracia: la democracia participativa como complemento de la democracia representativa. *Estudios de Deusto.* 2013, vol. 61, nro. 1, p. 271-294.

RAMÍREZ NÁRDIZ, Alfredo. La participación como respuesta a la crisis de la representación: el rol de la democracia participativa. *Revista de Derecho Político.* 2014, nro. 90, p. 177-210

RAMÍREZ NÁRDIZ, Alfredo. Nuevo constitucionalismo latinoamericano y democracia participativa: ¿progreso o retroceso democrático? *Vniversitas.* 2016, nro. 132, p. 349-388.

RESTREPO MEDINA, Manuel. La respuesta del derecho administrativo a las transformaciones recientes del estado social de derecho. *Saberes. Revista de estudios jurídicos, económicos y sociales.* 2007, vol. 5, p. 1-17.

ROBLEDO SILVA, Paula. El papel de la democracia participativa en la creación de nuevos municipios en Colombia. En: MONTAÑA PLATA, Alberto y OSPINA GARZÓN, Andrés (ed.). *La constitucionalización del derecho administrativo. XV jornadas internacionales de derecho administrativo.* Bogotá: Universidad Externado de Colombia, 2014, p. 258-278. ISBN 978-958-772-169-0.

RODRÍGUEZ, Gloria. Yo participo, tu participas, otros deciden: la participación ambiental en Colombia. Bogotá: Friedrich-Ebert-Stiftung en Colombia y Foro Nacional Ambiental, 2021. 381 p. ISBN 978-958-8677-42-2.

SÁNCHEZ ZAPATA, Diana y VERGARA MESA, Hernán. La incidencia del principio de participación ambiental en la teoría del acto administrativo. *Vniversitas,* 2021, vol. 70, p. 1-19.

SÁNCHEZ ZAPATA, Diana y VERGARA MESA, Hernán. La unilateralidad de los actos administrativos en Colombia a partir del principio de participación en el marco de los procedimientos administrativos. *Revista Derecho del Estado.* 2022, nro. 51, p. 227-259.

SANTAELLA QUINTERO, Héctor. Las mutaciones del sistema de fuentes del derecho administrativo en Colombia. En: RINCÓN CÓRDOBA, Jorge (ed.). *Las transformaciones de la administración pública y el derecho administrativo. Tomo I. Constitucionalización de la disciplina y evolución de la actividad administrativa.* Bogotá: Universidad Externado de Colombia, 2019, p. 87- 197. ISBN 978-958-790-183-2.

SANTOFIMIO GAMBOA, Jaime. Carácter colectivo de las licencias urbanísticas bajo los presupuestos del Estado social y democrático de derecho. La ruptura del individualismo clásico en el procedimiento y la decisión administrativos de licencia urbanística. *Revista Digital de Derecho Administrativo.* 2009, nro. 2, p. 3-82.

SANTOS RÓDRIGUEZ, Jorge. El rol del administrado en el Estado constitucional. En: RINCÓN CÓRDOBA, Jorge (ed.). *Las transformaciones de la administración pública y el derecho administrativo. Tomo I. Constitucionalización de la disciplina y evolución de la actividad administrativa.* Bogotá: Universidad Externado de Colombia, 2019, p. 284-322. ISBN 978-958-790-183-2.

SALAS SOLIS, Minor. Vade retro fortuna o de la expulsión de "Satanás" –el azar– del mundo de las ciencias sociales (con especial énfasis en la "ciencia" jurídica). *Doxa. Cuadernos de filosofía del derecho.* 2004, nro. 27, p. 377-391.

SCHMIDT ASSMANN, Eberhard. La teoría general del derecho administrativo como sistema. Madrid y Barcelona: Marcial Pons, 2003. 471 p. ISBN 978-849-768-048-6.

SCHMIDT ASSMANN, Eberhard. El concepto de la constitucionalización del derecho administrativo. En: MONTAÑA PLATA, Alberto y OSPINA GARZÓN, Andrés (ed.). *La constitucionalización del derecho administrativo. XV jornadas internacionales de derecho administrativo.* Bogotá: Universidad Externado de Colombia, 2014, p. 21-38. ISBN 978-958-772-169-0.

SCHMIDT ASSMAN, Eberhard. Contractualización del derecho administrativo. En: MONTAÑA PLATA, Alberto y RINCÓN CÓRDOBA, Jorge (ed.). *Contratos públicos: problemas, perspectivas y prospectivas. XVIII Jornadas internacionales de derecho administrativo.* Bogotá: Universidad Externado de Colombia, 2017, p. 719-742. ISBN 978-958-772-779-1.

SUIZA. ORGANIZACIÓN INTERNACIONAL DEL TRABAJO. Convenio Núm. 169 sobre Pueblos Indígenas y Tribales. (27 de junio 1989). [Consultado el 23 de julio de 2022]. Disponible en: https://www.ilo.org/wcmsp5/groups/public/—-americas/—-ro-lima/documents/publication/wcms_345065.pdf

MORÓN URBINA, Juan. La terminación convencional del procedimiento sancionador: la administración concertada en materia sancionadora. *Themis: Revista de Derecho.* 2016, núm. 55-70.

VÁZQUEZ DE PRADA, Valentín. Nuevas perspectivas en la relación administración pública-administrados. *Documentación Administrativa.* 1980, nro. 186, p. 171-195.